Hilke Maunder

OKZITANIEN

Frankreichs Süden

50 TIPPS ABSEITS der ausgetretenen PFADE

360° medien

IMPRESSUM

Okzitanien – Frankreichs Süden
50 Tipps abseits der ausgetretenen Pfade
Hilke Maunder, meinfrankreich.com

© 4. Auflage 2024 360° medien
Nachtigallenweg 1 | 40822 Mettmann
360grad-medien.de

Redaktion und Lektorat: Christine Walter

Satz und Layout: 360° medien

Gedruckt und gebunden:
LD Medienhaus | Hansaring 118 | 48268 Greven | www.ld-medienhaus.de

Bildnachweis: siehe Seite 256

ISBN: 978-3-96855-278-1
Hergestellt in Deutschland

360grad-medien.de

Hilke Maunder

OKZITANIEN

Frankreichs Süden

50 TIPPS ABSEITS der ausgetretenen PFADE

360° medien

VORWORT

Bienvenue in Okzitanien. Willkommen in einer Großregion mit 13 Départements, die eine schier unglaubliche Vielfalt an Landschaft, Kulturerbe, Küchentraditionen und Menschen umfasst. 2016 wurde sie mit einem Federstrich administrativ zusammengezimmert aus den beiden ehemaligen Regionen Midi-Pyrénées und Languedoc-Roussillon. Sie ist mit 72.760 Quadratkilometern größer als die Schweiz (41.285 Quadratkilometer) und Belgien (30.688 Quadratkilometer) zusammen. Und übertrumpft auch Bayern (70.500 Quadratkilometer).

Für die Nordkatalanen, die in den Pyrénées-Orientales vier der fünf alten Comarcas dominieren, ist Occitanie keine Heimat. Sie übermalen Straßenschilder mit Pays Catalan oder Catalunyà und stellen im Vallespir, Conflent, im Roussillon und auf der Cerdanyà Hinweisschilder auf mit Entfernungsangaben nach Okzitanien. Einzig der Fenouillèdes gibt sich dort okzitanisch.

L'Occitanie nennt es sich selbst und trägt im Namen noch Spuren der Sprache, die einst im Süden Frankreichs allgegenwärtig war: die Langue d'Oc. Paris ist weit entfernt, territoriale Politik statt Zentralismus heute bei vielen politischen Vorhaben die Maxime.

Okzitanien – von der Fläche her die Nummer zwei in Kontinentalfrankreich, von der Einwohnerzahl auf Platz fünf. In der Wirtschaft ist Occitanie die weltweit zweitgrößte Schmiede der Luftfahrt. Dafür sorgen neben Airbus und Latécoère, Weltmarktführer für Flugzeug-Verkabelungen, auch Weltunternehmen wie Dassault, EADS, Safran und Thales. Die Holz- und Papierindustrie sowie die Lebensmittelproduktion sind weitere wirtschaftliche Schwergewichte.

Okzitanien beginnt im Norden in der Bergwelt der Cevennen, im „Midi moins le quart" („Midi minus einem Viertel"). Im Osten endet Occitanie an der Rhône, im Westen am Adour, im Süden an der spanischen Grenze auf dem Hauptkamm der Pyrenäen. Es ist ein altes Kulturland, geprägt von mehr als 2000 Jahren Geschichte. Römer und Katharer hinterließen ihre Spuren, Pastellbarone und Malerfürsten.

Ein Baron aus Béziers erdachte für den Sonnenkönig die schönste Verbindung zwischen Atlantik und Mittelmeer: den Canal du Midi, heute Traumstrecke für Hausbootkapitäne, Radler und Weitwanderer. Die Mittelmeerküste Okzitaniens verwandelten weltberühmte französische Architekten in den 1960er-Jahren in „La Floride Française". La Grande-Motte, Le Cap d'Agde, Canet & Co.: Eine Handvoll funktioneller Ferienstädte säumt seitdem die endlosen Sandstrände. Im Hinterland bewahren ursprüngliche Landschaften und Dörfer die Kultur, Natur und Lebensart Okzitaniens. Naturparks schützen die Garrigue am Gardon, die Felsklippen des Haut-Languedoc, die dunklen Wälder der Montagne Noire und die Berge der Corbières, auf deren Spitzen sich die Katharer in Burgen verschanzten.

Okzitanien ist eine Region voller Genuss. Gascogne und Gers locken mit Stopfleber und Armagnac, die Lagunen mit Austern, das Meer mit feinstem Fisch, Aveyron und Pyrenäen mit weltberühmtem Käse. Lebenslust und Lebensart vibrieren in den kapitalen Konkurrenten: in der backsteinroten „Ville Rose" Toulouse und der Boomtown am Lez, Montpellier.

50 Geheimtipps abseits der ausgetretenen Pfade laden ein, Okzitanien jenseits seiner schier unglaublichen Fülle an bekannten Sehenswürdigkeiten neu zu entdecken. Und doch auch dort den Charakter der Region zu erfassen: Viele der Ziele verweisen über den Ort hinaus auf die Geschichte des Landes, das Typische der Region. Denn selbst Welterbe birgt abseits noch Unbekanntes: Lassen Sie sich überraschen!

Hilke Maunder

INHALTSVERZEICHNIS

Aus Gründen der besseren Lesbarkeit wird auf eine geschlechtsneutrale Differenzierung verzichtet. Entsprechende Begriffe gelten im Sinne der Gleichbehandlung grundsätzlich für alle Geschlechter. Die verkürzte Sprachform beinhaltet keine Wertung.

Der einstige Bahnhof von Cauterets in den Hochpyrenäen

WILLKOMMEN IN OKZITANIEN!

Südfrankreich! Schon der Name weckt Sehnsucht, trägt die Wärme des Südens in die Gedanken, ruft Bilder von leuchtend gelben Sonnenblumenfeldern, grünen Weingärten mit dunklen Trauben, Sonnenstränden und Karstlandschaften hervor, auf denen die Kräuter der Garrigue die Sinne betören: Rosmarin, Thymian, Salbei und Co.

Auf bunten Bauernmärkten liegen die typischen Aromen der südfranzösischen Küche gebündelt neben den geschützten Spezialitäten der Region: den süßen Zwiebeln der Cevennen, den Aprikosen des Roussillon, den Kirschen aus Céret und den berühmten Rohmilch-Käsen wie Roquefort oder Pélardon.

Die Klippen von La Franqui bei Leucate

Wer unter dem dichten Blätterdach der Platanenalleen zwischen Rhône und Garonne das Land bereist, entdeckt trutzige Festungen auf steilen Felsspitzen, wehrhafte Bastiden, mittelalterliche Kleinstädte und Dörfer mit der unnachahmlichen Muße des Midi. Auf dem Marktplatz plätschert ein Brunnen, Kopfsteinsträßchen entführen in enge Gassen mit altem Fachwerk, roten Ziegeln, Innenhöfen und blühenden Gärten.

Sobald man sich jedoch der Küste nähert, zeigt Südfrankreich mehr Temperament: Mit lautem Lachen

Das Château de Magrin birgt heute ein Pastellmuseum.

und Gejohle werden die Stiere zur Feria durch die Straßen gejagt, werden beim Schifferstechen von Sète weiß gekleidete „Jouteurs" in die Fluten des königlichen Kanals gestoßen, wird auf den Strandseen von Leucate hart am Wind gesurft. Abends erklingt allerorten Musik, unterhalten angesagte Strandbars Szenegäste mit Hip-Hop und Hits, wird auf lauschigen Plätzen die Sardana getanzt und aus vollen Zügen das Leben genossen. Mit Austern zum Aperitif, Tapas zum Sherry und Traditionsgerichten wie Cassoulet, dessen Entstehung genauso legendär ist wie sein unvergleichlicher Geschmack.

Südfrankreich! Das heißt seit der Gebietsreform von 2016 nun Occitanie (Okzitanien) und erstreckt sich zwischen den Pyrenäen im Südwesten und der Petite Camargue im Osten entlang der französischen Mittelmeerküste und gen Norden landeinwärts bis zu den Cevennen und den Causses. Berühmte Berge wie der Pic du Midi de Bigorre (2877 Meter), der Canigou (2784 Meter) und der Pic Carlit (2921 Meter) begeistern Gipfelstürmer und Skifahrer und haben sich mit Traditionen und Legenden tief ins Gedächtnis des Region verankert. Die Cevennen locken mit Weitblick vom Mont Lozère (1699 Meter) und Mont Aigual (1567 Meter).

Mit 72.724 Quadratkilometern bildet Okzitanien flächenmäßig die zweitgrößte Region Kontinentalfrankreichs. Gut sechs Millionen Einwohnern leben dort in den 13 Départements Ariège, Aude, Aveyron, Gard, Gers, Haute-Garonne, Hautes-Pyrénées, Hérault, Lot, Lozère, Pyrénées-Orientales, Tarn und Tarn-et-Garonne. Seine Hauptstadt ist seit 2016 Toulouse. Ihre Backsteinarchitektur, die im Licht der untergehenden Sonne leuchtet, verlieh der größten Stadt der Region den Beinamen „ville rose". Größte Konkurrentin ist eine Boomtown, die sich gerne den Beinamen „sur Mer" anhängen würde und daher seit Jahren mit gigantischen Bauprojekten vor allem gen Süden wächst: Montpellier. Bereits Jean Rabelais studierte dort an der ältesten medizinischen Fakultät der Welt. Bereits 1220 wurde sie gegründet!

Saint-Lary in den Pyrenäen von Ariège

Auf Schritt und Tritt ist in Okzitanien die Geschichte lebendig. Nîmes inszeniert in seiner Arena alljährlich im Mai grandiose Römerspiele. Mittelspiele und Mittelalterfeste beleben die großartigen Burgen der Katharer von Peyrepertuse, Quéribus und Puilaurens, und auch in der Cité von Carcassonne kreuzen sich im Sommer die Lanzen.

Wie sehr die Künstler begeistert von Okzitanien waren, zeigt Collioure mit seinem Chemin des Fauves. „Die Wilden", das waren Maler wie Henri Matisse, Georges Braque, Raoul Dufy, Tsuguharu-Léonard Foujita, Othon Friesz, Juan Gris und Albert Marquet. Angezogen vom Licht und den Farben des alten Sardinenfischerhafens, machten sie das Dorf an der Côte Vermeille zum Sujet – und weltberühmt. Mit 20 Stationen zeigt dort ein Rundwege Motive und Werke. 2024 wählten die Franzosen Collioure zu ihrem village préféré, Lieblingsdorf des Jahres.

Hin nach Okzitanien kommt man von Norden auf der mautfreien Autobahn A75, deren Höhepunkt das weltberühmte Viadukt von Millau über den Tarn ist. Weiter östlich führt im Tal der Rhône die Sprintstrecken „Route du Soleil" zur Autobahn A9, die als „La Languedocienne" dem Verlauf der römischen Via Domitia folgt. Sie verband in der Antike das gallo-römische Reich mit der iberischen Halbinsel. Seine Hauptstadt hieß Narbonne, und genau dort eröffnete mit Narbo Via im Frühjahr 2021 das zweite große Antikenmuseum Okzitaniens nach Nîmes.

Nur wenige Kilometer entfernt, hatte sich im Oppidum d'Ensérune das Erbe der Gallier erhalten. Gegen Ende des 5. Jahrhunderts hatten sie auf der Spitze eines Hügels ihre erste Stadt errichten. Von oben eröffnen sich weite Blicke auf das nächste Unikum: den Étang de Montady. Im Mittelalter wurde die einstige Mittelmeerlagune trockengelegt durch sternförmige Kanäle. Sie bescherten dem Land eine ungewöhnliche Tortenstück-Struktur – und dem Canal du Midi eine Tunnelpassage.

Mitten im Trubel, einsam in der Natur oder abseits in unberührten Ecken: Überall in Okzitanien locken einzigartige Entdeckungen und Begegnungen, Erlebnisse, die berühren, und Eindrücke, die man nie vergisst. Ob Sie nun Stand-up-Paddeln auf dem Étang de Thau oder durch die einsamen Höhen der Cevennen streifen: Südfrankreich macht süchtig. Wer einmal hier war, wird immer wieder kommen und noch zu Hause das Zirpen der Zikaden zu hören vermeinen.

TOP 10

DER SEHENSWÜRDIGKEITEN IN OKZITANIEN

1 **Pont du Gard:** Paddeln, planschen, Lichtershow: Das schönste Aquädukt der Römer ist ein Erlebnis für alle Sinne. Das Welterbe wurde ganz ohne Mörtel errichtet und transportierte ab 19 n. Chr. das Wasser der Eure-Quelle in den Hügeln von Uzès über 50 Kilometer weit bis nach Nîmes, um die wachsende Stadt zu beliefern. Die Aufgabe schien unlösbar, gab es doch auf der Strecke nur einen Höhenunterschied von 17 Metern und damit ein Gefälle von nur 0,034 Prozent. Zudem kreuzte der Gardon den geplanten Lauf des Aquädukts. Die Probleme lösten die antiken Ingenieure von Agrippa mit dieser Brücke der Superlative, die seit 1985 zum UNESCO-Weltkulturerbe zählt; *pontdugard.fr*

2 **Nîmes:** In Nîmes lebt die Antike. Das Amphitheater von Nîmes liegt mitten in der Stadt und gehört – dank Konzerten, Kongressen oder Stierkämpfen – noch heute wie selbstverständlich zum Alltag der römischen Kolonie, die Kaiser Augustus vor gut 2000 Jahren gründete. Gegenüber blättert das Musée de la Romanité die gallo-römische Vergangenheit auf, deren Erbe auch die Maison Carrée und die Jardins de la Fontaine bewahren. Wie „branché", sprich angesagt, Nîmes heute ist, zeigen Ausstellungen im Carré d'Art und Street-Art in Vierteln wie Richelieu und Gambetta; *nimes-tourisme.com*

3 **Montpellier:** Okzitanien ist zum Paradies für Architekten von Weltruf geworden. Montpellier hat nach Ricardo Bofill Stars wie Jean Nouvel, Zaha Hadid, Philippe Starck und Sou Fujimoto verpflichtet. Doch in ihrem Herzen hat die alte Hauptstadt des Hérault das Flair des Midi in seinem charmanten Écusson-Viertel bewahrt, mit Kopfsteingassen und stattlichen Stadtpalais, Boutiquen und Bars. Gute Stube der Stadt ist der Place de la Comédie mit seinen Straßencafés, Bistros, Bürgerhäuser der Gründerzeit und der Oper, die nach dem Vorbild der Opéra Garnier von Paris entstand; *montpellier-tourisme.fr*

4 **Sète:** Sète ist der größte französische Fischereihafen und zweitwichtigster Handelshafen am Mittelmeer. Jenseits der Industrie- und Hafenanlagen präsentiert sich das „Venedig des Languedoc“ bunt und mediterran mit seiner Häuserfront am Canal de Sète. Der italienisch wirkende Stichkanal zwischen dem Étang de Thau und dem Mittelmeer ist alljährlich im Sommer Bühne für das Fischerstechen. Zwei sehenswerte Museen sind den berühmten Söhnen der Stadt gewidmet, dem Schriftsteller Paul Valéry (1871 bis 1945) und dem Chansonsänger Georges Brassens (1921 bis 1981). Die Nehrung säumt ein endloser, feiner Sandstrand, der sich bis nach Marseillan hinzieht; *tourisme-sete.com*

5 **Carcassonne:** Mit seiner berühmten Cité, die mit 52 Türmen als stolze Welterbe-Festung eine Hügelspitze bekrönt, und dem Hafen am Canal du Midi gehört Carcassonne zu den touristischen Hotspots des gesamten Frankreich. Und doch verirren sich nur wenige in die Unterstadt, die „ville basse“. Ludwig der Heilige hatte sie auf der anderen Seite des Aude-Flusses als schachbrettartige Bastide anlegen lassen. Ihr Herz bildet die Place Carnot, auf der Dienstag, Donnerstag und Samstag ein großer Markt stattfindet; *tourisme-carcassonne.fr*

6 **Collioure:** Collioure ist das schönste Städtchen der Côte Vermeille, der Purpurküste zwischen Argelès und der spanischen Grenze in den Pyrénées-Orientales von Okzitanien. Fauves-Maler wie André Derain, Georges Braque und Henri Matisse machten den alten Fischerort als Motive ihrer Bilder weltberühmt. Bis heute werden dort Anchovis verarbeitet. Die Bucht dominiert das Château Royal, das bis heute auch militärisch noch genutzt wird – morgens trainieren die Soldaten mitunter am Strand; *collioure.com*

7 **Katharerweg:** Bis heute sind die Katharer, die sich vom Papst lossagten und ein strenggläubiges, asketisches Leben führten, geheimnisumwittert. Schreckliche Geschichten sind überliefert von den Auseinandersetzungen zwischen den päpstlichen Kreuzrittern und den Ketzern. Zu ihren spektakulären Burgen auf schwindelerregenden Felsspitzen und köstlichen Weinen am Wegesrand führt der Sentier Cathare als Grande Randonnee GR367. Der Fernwanderweg beginnt an den Badestränden und Salzseen von Port-la-Nouvelle am Mittelmeer und endet nach rund 250 Kilometern in Foix am Fuße der Pyrenäen; *audetourisme.com/fr/a-voir-a-faire/incontournables/sentier-cathare*

8 **Canal du Midi:** Der Canal du Midi gehört zu den schönsten Wasserwegen Okzitaniens. Platanengeschmückte Treidelpfade, Sonnenblumenfelder, Herrenhäuser und gotische Glockentürme, Dörfer und Marktflecken begleiten dort das blaue Band des Südens. Schon die Römer träumten von einer Wasserstraße zwischen Mittelmeer und Atlantik. Mächtige und Macher versuchten sich an der Idee, selbst Leonardo da Vinci scheiterte. Bis ein Baron aus Béziers die Lösung fand, den Sonnenkönig Ludwig XIV. überzeugte und im Herbst 1667 in Toulouse den ersten Spatenstich wagte: Pierre-Paul Riquet. Heute starten Freizeitskipper in bunten Lastkähnen, gemütlichen „Penichettes" oder komfortablen Kabinenkreuzern zu Hausboottörns. Radler folgen auf Treidelpfaden seinem Lauf und kaum ein Weg ist schöner zum Spazierengehen! *tourismecanaldumidi.fr*

9 **Toulouse:** Färberwaid (Pastell) machte Toulouse im Mittelalter reich und zur „ville rose", zur roten Stadt, in deren Backstein-Altstadt hohe „Türme des Stolzes" vom einstigen Wohlstand zeugen. Heute ist Frankreichs viertgrößte Metropole mit 118.000 Studierenden zweitgrößte Unistadt des Landes und mit Global Players wie Airbus oder Latécoère Europas Kapitale der Luftfahrt. Wie anspruchsvoll und vielseitig auch die Kulturszene ist, beweist „Tolosa“ Tag für Tag, Monat für Monat mit einem prall gefüllten, immer wieder spannenden und überraschendem Veranstaltungs- und Festivalkalender; *toulouse-tourisme.com*

10 **Pyrenäen-Nationalpark:** Es gurgelt und rauscht im tiefen Wald. Dann blitzt plötzlich zwischen hohen, alten Tannen wildes Wasser auf, auf dem Sonnenstrahlen wie Sterne tanzen: Der Pont d’Espagne gehört zu den Höhepunkten im Herzen des Pyrenäen-Nationalparks. 100 Kilometer lang, aber maximal nur 15 Kilometer breit, schützt der Park die Hochgebirgslandschaften des Felsriegels an der Grenze zu Spanien. Mit 457 Quadratkilometern ist er der größte der drei Nationalparks in den Pyrenäen, die wilder, ursprünglicher und völlig anders als die Alpen sind; *pyrenees-parcnational.fr*

KURIOSES & BESONDERHEITEN

AUS OKZITANIEN

Okzitanien ist „le Midi": Frankreichs Gegenentwurf im Süden. Paris ist weit weg, die Sprache eine Langue d'Oc, und der Stolz groß. Und das hat Gründe, die einzigartig und besonders sind.

In Südfrankreich liegt die Wiege des Homo Sapiens. Vor 450.000 Jahren haust dort der „Homme de Tautavel" in der Caune Arago, einer Höhle in den Bergen der Corbières beim Winzerdorf Tautavel. Älter ist kein Europäer! Wie er gelebt und gejagt hat, verrät das Musée de Préhistoire in Tautavel.

Legenden und Mythen durchziehen das Land. Doch keine lockt so sehr wie das Geheimnis um den heiligen Gral, der dort versteckt sein soll. Oder hatte der Abt Saunière bereits den Schatz der Templer gefunden, wie es Noël Corbu (1912 bis 1968) behauptet? Der geschäftstüchtige Gastronom hatte 1946 das Wohnhaus von Bérenger Saunière erworben und darin ein Hotel nebst Restaurant eröffnet. Zu Gast war dort auch der adeliger Trotzkist Gérard de Sède. 1967 veröffentliche der Marquis mit „L'Or de Rennes" (Das Gold von Rennes) sein erstes Werk über das Enigma des Landpfarrers – und löste einen literarischen Boom aus, der in Dan Browns Welterfolg „Sakrileg" gipfelte.

Wehwehchen kurierten die Okzitanier einst mit Hausmitteln, die staunen lassen. Auch Drachenblut birgt der Arzneischrank des medizinhistorischen Museums von Toulouse, das im Hôtel Dieu Saint-Jacques mit mehr als 3000 Exponaten zur Zeitreise durch die Heilkunde lädt.

Die Altstadt von Toulouse ist ein Labyrinth vieler kleiner Straßen. Um dort für Orientierung zu sorgen, kamen die Stadtväter auf eine geniale Idee: Sie beauftragten die Steingutfabrik Fouque Arnoux mit der Herstellung von Straßen- und Nummernschildern in zwei verschiedenen Farben. Gelbe Schilder verraten: diese Straße verläuft parallel zur Garonne. Weiße Schilder erhielten Straßen, die senkrecht oder schräg zum Fluss verlaufen. Dort beginnt die Hauszählung immer an der Garonne.

Rund um den Bahnhof Matabiau baut Toulouse Zukunft. Rund und kurvig reckt sich dort der Tour Occitanie von Daniel Libeskind in den Himmel, vom Sockel bis zur Spitze 43 Stockwerke hoch, begrünt mit Bäumen und Büschen. Okzitaniens erster Wolkenkratzer strahlt stylish über die Ville Rose hinaus. Seine einzige Botschaft: Die Region, in der in den 1960er- und 70er-Jahren Deutsche und Schweizer Aussteiger Ziegen züchteten, Käse herstellten und Basisdemokratie auf alten Höfen lebten, ist heute ein wirtschaftliches Schwergewicht. Reicher Norden, armer Süden: Das gilt schon lange nicht mehr.

Und so begrüßt ein weiterer Superlativ die Reisenden aus dem Norden: das Viaduc de Millau. Erbaut wurde die gewaltige Konstruktion aus 36.000 Tonnen Stahl und 85.000 Kubikmeter Beton von einer deutschen Firma. Die Dillinger Hütte DSD Steel Group errichtete sie mit Saarstahl aus Völklingen. Die weiße Autobahnbrücke über den Tarn ist mit 2460 Metern die längste Schrägseilbrücke der Welt und bei einer maximalen Pfeilerhöhe von 343 Metern das höchste Bauwerk Frankreichs. „Insolite", würden die Südfranzosen sagen, einzigartig wie die Großregion!

Nordsee
NIEDERLAND
ENGLAND
IRLAND
DEUTSCHLAND
BELGIEN
Ärmelkanal
HAUTS-DE-FRANCE
LUXEMBURG
NORMANDIE
Paris
ILE-DE-FRANCE
GRAND EST
BRETAGNE
PAYS DE LA LOIRE
CENTRE-VAL DE LOIRE
BURGUND-FRANCHE-COMTÉ
SCHWEIZ
FRANKREICH
Atlantischer Ozean
NEU-AQUITANIEN
AUVERGNE-RHONE-ALPES
ITALIEN
Kantabrische See
OKZITANIEN
PROVENCE-ALPES-COTE D'AZUR
ANDORRA
SPANIEN
Mittelmeer

Guéret
Mâcon
Cusset
Roanne
Saint-Junien
Limoges
Clermont-Ferrand
Cognac
Angoulême
Saint-Yrieix-la-Perche
Ussel
Ambert
Saint-Étienne
NEU-AQUITANIEN
AUVERGNE-RHONE-ALPES
Brioude
Périgueux
Brive-la-Gaillarde
Saint-Flour
Le Puy-en-Velay
Aurillac
Bergerac
Mende
Marmande
Cahors
Rodez
Agen
FRANKREICH
Millau
Mont-de-Marsan
Condom
Montauban
Albi
OKZITANIEN
Nîmes
Auch
Toulouse
Montpellier
Frontignan
Béziers
Pau
Tarbes
Saint-Gaudens
Carcassonne
Foix
Vielha
Perpignan
Prades
Sabiñánigo
Andorra
ANDORRA
Roses
Olot
Huesca
Girona
Palafrugell
Monzón
SPANIEN
Balaguer
Blanes
Lleida
Fraga
Terrassa
Mittelmeer
Barcelona
Caspe
Reus
Tarragona
Tortosa

Toulouse

Sunset am Garonne-Ufer von Toulouse mit Blick auf die Kuppel von La Grave

Toulouse

1. Le Rond de Serviette: Foie gras grenzenlos
2. Das Schloss des Grauens: der einstige Sitz der Gestapo
3. Prison Saint-Michel: vom Knast zur Kultur
4. BBB Centre d'Art: Katalysator für zeitgenössische Kunst

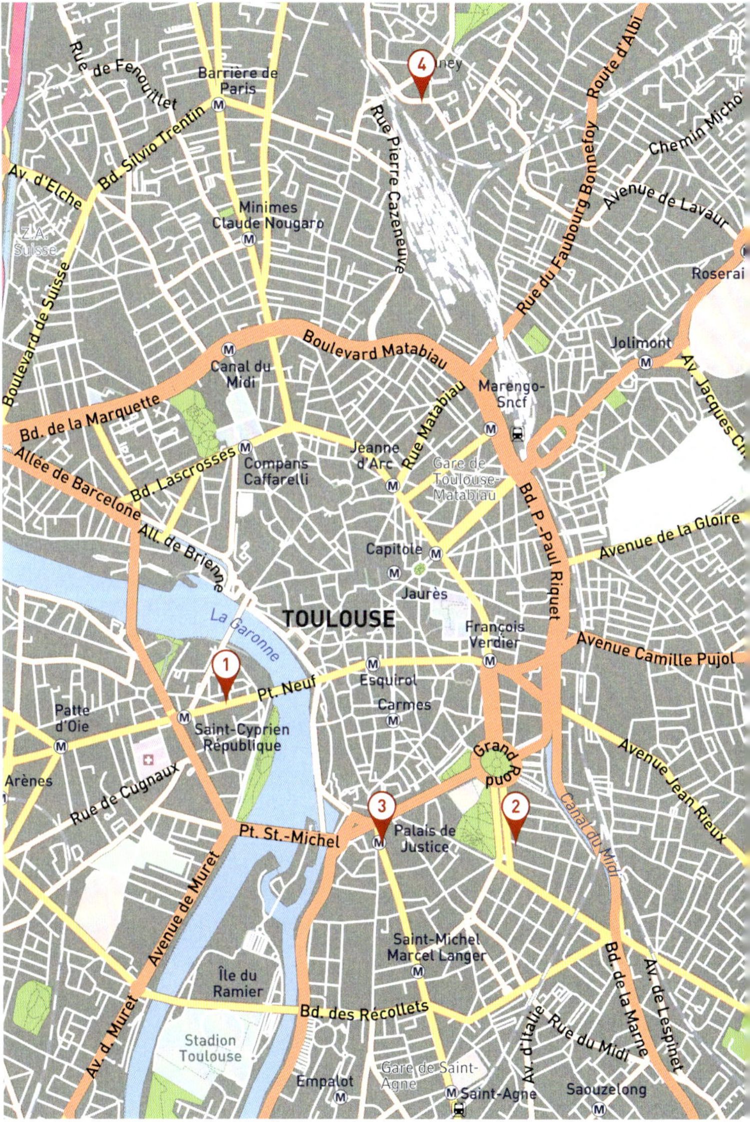
TOULOUSE
Rue de Fenouillet
Barrière de Paris
Bd. Silvio Trentin
Av. d'Elche
Z.A. Suisse
Boulevard de Suisse
Minimes Claude Nougaro
Rue Pierre Cazeneuve
Route d'Albi
Chemin Michoi
Rue du Faubourg Bonnefoy
Avenue de Lavaur
Roserai
Boulevard Matabiau
Canal du Midi
Jolimont
Av. Jacques Ch
Bd. de la Marquette
Marengo-Sncf
Rue Matabiau
Compans Caffarelli
Bd. Lascrosses
Jeanne d'Arc
Gare de Toulouse-Matabiau
Allée de Barcelone
All. de Brienne
Bd. P.-Paul Riquet
Avenue de la Gloire
Capitole
Jaurès
La Garonne
François Verdier
Avenue Camille Pujol
Esquirol
Pt. Neuf
Carmes
Patte d'Oie
Saint-Cyprien République
Grand Rond
Avenue Jean Rieux
Arènes
Rue de Cugnaux
Canal du Midi
Pt. St.-Michel
Palais de Justice
Avenue de Muret
Saint-Michel Marcel Langer
Île du Ramier
Bd. de la Marne
Av. de Lespinet
Bd. des Récollets
Rue du Midi
Av. d'Italie
Stadion Toulouse
Av. d. Muret
Gare de Saint-Agne
Empalot
Saint-Agne
Saouzelong
1
2
3
4

1. Le Rond de Serviette: Foie gras grenzenlos

Sie ist ein kulinarischer Streitfall. Doch in Okzitanien führt kein Weg dran vorbei: Stopfleber ist die Spezialität – und der Stolz des Südwestens. Wie sehr, zeigt ein charmantes Lokal in Toulouse, das sie zur Vorspeise à volonté serviert – in unbegrenzter Menge.

Riesig groß ruht sie auf dem Holzbrett: hausgemachte Gänseleber aus dem Gers. Ein ganzer Lappen, „entier" und ungeteilt, befreit von Sehnen und Nerven, und ganz und gar „frais" – frisch und roh. Sparsam gewürzt mit Pfeffer und Salz, ein Verführung in zartrosa. Hartwurst aus Toulouse, pikante Chorizo und andere lokale Wurstwaren begleiten sie. „A volonté", betont der Patron, „all you can eat – genießen Sie von der Stopfleber, so viel Sie mögen!"

Kühl berührt sie den Gaumen, schmilzt bereits beim leichten Zungendruck und entfaltet pur ihre Aromen. Doch sie ist nur das

Auch gebraten aus der Pfanne köstlich: Foie gras

Foie gras mi-cuit mit Brioche und lokalem Weißwein

Entree des Menüs. Die Schiefertafel preist noch andere Gerichte. Doch das Gros der Gäste pilgert fürs Menü hierher. Sie wollen ausgiebig und reichlich eine ehrliche Küche des Südwestens genießen. Ohne raffiniertes Chichi, sondern opulent, schlicht und authentisch. Volkstümlich wie das Viertel ringsum.

Nach der Orgie mit der Entenstopfleber folgt im Menü Magret de Canard, gebratene Entenbrust im Rotweinjus, im Innern zartrosa. Wer der Küche des Südwestens abtrünnig werden will, wählt aus dem Trio anderer französischer Klassiker: halbes Grillhähnchen, Entrecote vom Rind oder Lachsrücken. Zu allem serviert Monsieur Loyal Kartoffeln, mal frittiert, mal als Püree oder als Dauphiné, sahnig-cremigem Auflauf.

Das Menü dominiert abends. Doch auch mittags fehlt Foie gras nicht auf der Karte, bekrönt eine „Salade Gourmande" oder paart sich bei der „Assiette Toulousaine" mit konfierten Entenschlegeln, Ziegenkäse auf Toast, grünem Salat und Pommes Frites.

Tief in der Region sind auch die Weine verwurzelt. Zur Stopfleber ein Tariquet aus dem Gers, zum roten Fleisch ein Fronton aus dem Umland von Toulouse. Im Sommer stehen die Tische auf dem Trottoir der kleinen Place Saint-Olivier, auf der ein Brunnen plätschert. Wird es kühler, genießt man drinnen im Gewölbekeller die Hausmannskost mit Foie gras. Und auch drinnen gilt: à volonté.

In Toulouse liegt die Wiege der berühmten Stopfleber von der Ente oder der Gans. Emmanuel Tivollier erfand sie dort 1850. Ihre Herstellung erst möglich machte eine Pflanze, die die französischen Entdecker aus der Neuen Welt mitgebracht hatten: Mais.

Er wird, zuvor aufgekocht zur leichteren Verdauung, den Gänsen und Enten drei Mal pro Tag in den Schlund gestopft. 250 Gramm Mais sind es pro Fütterung am Anfang einer solchen „Gavage",

Hausgemacht: die Foie gras der Charcuterie-Platte

400 bis 700 Gramm Mais pro Mahlzeit am Ende der Mast. Nach gut einem Monat werden die Gänse geschlachtet, nach bereits zwei Wochen die Enten. Ihre Leber wandert in vielen Formen ins Glas oder in die Büchse.

Hinter Foie gras cru verbirgt sich rohe Stopfleber. Eine Foie gras en semi-conserve oder mi-cuit ist eine Halbkonserve, eine Foie gras en conserve eine Vollkonserve, die sich bei bis 15 Grad Celsius über mehrere Jahre hält. Im Parfait de Foie gras müssen mindestens 75 Prozent Stopfleber enthalten sein. Für einen Bloc de Foie gras werden die Lebern zerkleinert, mit hoher Geschwindigkeit zu einer homogenen Masse vermengt und zu meist runden Blöcken geformt.

Mit fast 19.000 Tonnen Stopfleber ist Frankreich der größte Produzent und Exporteur weltweit. Von der Stopfleber lebt besonders das Département Gers, dessen Themenstrecke Route du Foie gras zu den Produzenten und Schauplätze der Geflügelmast führt.

INFO

Lage: 14, Place Olivier, 31000 Toulouse

ÖPNV: Métro: A, Haltestelle: Saint-Cyprien-République; Bus: 14, Haltestelle: Saint-Cyprien-République und Olivier Hôpital La Grave

Öffnungszeiten: Montag bis Freitag 12 bis 14, 19:30 bis 23 Uhr; Tel. +33 561 42 64 14

Unterkünfte:

- Hôtel Gascogne: komfortable, zwölf Quadratmeter große Einzel- und Doppelzimmer im Herzen von Saint-Cyprien sowie Co-Working-Plätze; 25, Allées Charles de Fitte, 31300 Toulouse, Tel. +33 5 61 59 27 44, *hotel-gascogne.com*
- City Rosa: kleine Selbstversorger-Studios und Wohnungen; 12, Rue du Pont Saint-Pierre, 31300 Toulouse, Tel. +33 7 68 42 49 93, *la-ciutat-rosa-apartment.toulousehotel.net*

Website: *leronddeserviette-rivegauche.fr*

2. DAS SCHLOSS DES GRAUENS: DER EINSTIGE SITZ DER GESTAPO

Feiern im Salon, Folter im Keller: In Busca, einem gutbürgerlichen Wohnviertel zwischen dem Canal du Midi und dem Jardin des Plantes, barg eine schmucke Backsteinvilla zwischen März 1943 und August 1944 die Zentrale der Gestapo, der Geheimpolizei des NS-Regimes, während der deutschen Besatzung von Toulouse. Berühmtester Insasse war der Widerstandskämpfer François Verdier.

„Das kleine Schloss des großen Grauens", so wurde einst die Backsteinvilla an der Ecke der Rue des Martyrs de la Libération und der Allées Frédéric Mistral genannt. Während des Zweiten Weltkriegs und der Besetzung der Stadt durch die Nazis beherbergte diese prachtvolle Residenz das Hauptquartier der Gestapo. Als die Gestapo im November 1942 in Toulouse eintraf, ließ sie sich zunächst im Hôtel de l'Ours Blanc nieder. Im März 1943 bezog sie mit dem KDS, dem regionalen Kommando der Sicherheitspolizei, diese Residenz in Busca.

Heute ist die Villa in Wohnungen aufgeteilt.

Backstein-Beauty: das einstige Hauptquartier der Gestapo

Die dort arbeitenden Agenten wurden vor Ort als Augen und Ohren der geheimen Staatspolizei rekrutiert, um Widerstandskämpfer und ideologische Gegner des Dritten Reiches aufzuspüren. Bald erhöhte die Gestapo, die die Bedeutung von Toulouse und die Überwachung der Grenzen zu Spanien unterschätzt hatte, ihre Personalstärke. Im Frühjahr 1944 gab es unter den 53 Agenten nur 21 Deutsche.

Wer mit den Deutschen kollaborierte, erlebte im „Petit Château" glanzvolle Feste und Empfänge. Das obere Stockwerk glich laut Pierre Rous, Undercover-Agent im Morhange-Netzwerk, einem „echten Bordell". Der Keller war ein Ort des Grauens. Insassen aus dem Gefängnis Saint-Michel wurden dort verhört und gefoltert.

Fünf Widerstandskämpfer starben dabei. An sie erinnert am Zaun eine Gedenktafel. Zu den Mordopfern der Nazi-Folter gehörte Lucien Béret aus dem Postverteilzentrum des Bahnhofs Matabiau, Léo Hamard aus dem Morhange-Netz und François Verdier. Der regionale Führer der Vereinigten Widerstandsbewegungen erlebte dort 43 Tage lang schlimmste Folter, ehe er im Januar 1944 im Wald von Bouconne hingerichtet wurde.

Nach der Befreiung von Toulouse wandelte sich das Haus zum Heim für verwaiste jüdische Kinder, die während des Krieges untergetaucht waren. Heute ist das Bürgerhaus in Wohnungen aufgeteilt. Doch die Fensterläden sind geschlossen. Und die Bürger von Busca wechseln wie einst den Bürgersteig.

Nur wenig weiter erinnert das Monument à la gloire de la Résistance an all jene, die die Nazis in Toulouse deportieren oder erschießen ließen. Hinter seiner Skulptur aus Metallrohren beginnt ein Tunnel mit Krypten, die an die Opfer erinnert. Erst am Jardin des Plantes endet der Weg, für den das Atelier des Architectes Associés (Les 3A) Architektur, Skulptur und audiovisuelles Material vereinte.

Berühmt: die Ansprache de Gaulles aus dem Londoner Exil

Das Musée départemental de la Résistance & de la Déportation erzählt von Alltag und Widerstand gegen die deutschen Besatzer während des Zweiten Weltkrieges. Es erinnert auch an eine ältere Dame mit hochgestecktem Haar, die eine der führenden Frauen der Résistance gewesen ist: Marie-Louise Dissard (1881 bis 1957). Als „Françoise" hatte sie während des Zweiten Weltkriegs mit ihrem Fluchtnetz die Passage von mehr als 700 alliierten Piloten durch die Pyrenäen organisiert. Deckmantel für ihre Aktivitäten ihrer Arbeit im Untergrund war ihr Schmuckladen „À la poupée moderne" in der Rue de la Pomme 40. Eine Gedenktafel erinnert dort heute an ihr Wirken im Untergrund.

Die Gedenkstätte des Widerstandes

INFO

Lage: 2, Rue des Martyrs de la Libération, 31400 Toulouse; Besichtigung nur von außen rund um die Uhr

ÖPNV: Bus: 44, L7, Haltestelle: Jardin des Plantes

Weitere Aktivitäten:

- Monument à la gloire de la Résistance: Samstag und Sonntag 11 bis 18 Uhr; Avenue Frédéric Mistral, 31000 Toulouse (Bus: 44, L7, Haltestelle: Jardin des Plantes), Tel. +33 561 55 03 84, *hautegaronnetourisme.com/activites/monument-a-la-gloire-de-la-resistance*
- Musée départemental de la Résistance & de la Déportation: Dienstag bis Samstag 10 bis 12:30, 13:30 bis 18 Uhr; 52, Allée des Demoiselles, 31400 Toulouse, (Bus Linie L7, Haltestelle: Demoiselles), Tel. +33 534 33 17 40, *musee-resistance.haute-garonne.fr*

3. Prison Saint-Michel: vom Knast zur Kultur

Von gefürchteten Verbrechern bis zu den dunklen Stunden der deutschen Besetzung hat das Gefängnis Saint-Michel die Geschichte der Stadt Toulouse miterlebt. Sein Castelet bewahrt mit einem kleinen, ungewöhnlichen Museum sein Erbe. Als Cité de la Musique sollte es sich der Stadt öffnen, dann einen Kolleg bergen. Jetzt hat der Staat die Stadt übertrumpft – und will den Knast zum Sitz der Justiz machen – als Cité judicaire.

Le Castelet

Die Fassade ist eine befestigte Burg aus rotem Backstein, die Lage birgt Potenzial: Als 20.000 Quadratmeter großer, fünfzackiger Stern erhebt sich das Ancien Prison de Saint-Michel mit weiteren Nebengebäuden zwischen den Bürgerhäusern von Busca und den Plattenbauten von Empalot an der alten Ausfahrtstraße von Toulouse nach Narbonne. 2009 verließen die letzten Insassen das legendäre Gefängnis in Toulouse.

Die künftige Cité de la Musique bewahrt Elemente der Gefängnis-Architektur.

150 Jahre lange waren Banditen und Ganoven, Diebe und Mörder, aber auch Widerstandskämpfer während des Zweiten Weltkriegs in seinen Zellen eingesperrt gewesen. So wie André Malraux, der spätere Informations- und Kulturminister von General de Gaulle. Erst im März 1944, drei Monate vor der Invasion in der Normandie, hatte sich Malraux unter dem Decknamen Oberst Berger der Résistance im Département Corrèze angeschlossen. Im Juli verhafteten ihn die Deutschen und sperrten ihn im Prison Saint-Michel ein. Seine Haft dauert nicht lange, denn bereits im August 1944 war Toulouse von den Nazis wieder befreit.

Michel Langer, der militärisch für ein freies Frankreich gekämpft hatte, wurde am 23. Juli 1943 in den Mauern dieses Gefängnisses guillotiniert. Langer, damals Führer der militärischen Widerstandsbewegung 35. Brigade FTP-MOI, wurde am 5. Februar 1943 auf dem Bahnhof St-Agne in Toulouse mit einem Koffer voller Sprengstoff verhaftet und am 21. März 1943 zum Tode verurteilt. Sein Grab auf dem Friedhof Terre-Cabade ist bis heute ein Symbol der Résistance – und darf nicht fotografiert werden!

Seit 2011 versuchte die Stadt, das emblematische Gebäude zu verkaufen. Elf Millionen Euro forderte der Staat. Toulouse gelang es, den Preis auf 5,5 Millionen Euro zu drücken. Seit 2013 Herrin über die Immobilie, plante das Rathaus gemeinsam mit Präfektur von Haute-Garonne und Anwohnerverbänden eine Neunutzung.

Als Cité de la musique mit einem Auditorium für 2000 Zuschauern sollte sich der Knast zur Kulturstätte wandeln. Dafür sollen zwei Flügel des Sterns abgerissen werden, sahen die Pläne vor. Dann kam der Departementsrat auf die Idee, daraus ein Gymnasium zu machen. Letztendlich bleibt das Gefängnis nun wohl in den Händen der Justiz. Inzwischen wurde eine Studie in Auftrag gegeben, um zu ermitteln, wie diese Zellen am besten in Büros umgewandelt werden können. Zehn Jahre sollen die Bauarbeiten dauern. Doch Widerstand regt sich. Das Viertel wünscht sich Kultur und Öffnung.

Der Eingang des Gefängnisses mit seinen beiden markanten quadratischen Türmen ist seit Oktober 2020 ein Museum. Seine Sammlung ist so besonders wie die Geschichte des Ortes. Denn nicht der Staat oder die Stadt, sondern ein Nachbarschaftskomitee hat seit 2014 Bilder, Objekte, Dokumente und Zeugenaussagen zusammengetragen.

Für eine bessere Nachbarschaft lädt der Stadtteilverein von Saint-Michel alljährlich in einer anderen Straße des Viertels zum „Repas de Rue“ ein, stellt Tische und Stühle aufs Pflaster und lädt ein, unter freiem Himmel gemeinsam zu essen und zu trinken – und dabei neue Kontakte zu knüpfen. Auch Gäste sind beim geselligen Schlemmen im Schatten des legendären Knastes herzlich willkommen.

Der einstige Eingang der Zuchtanstalt

INFO

Lage: Grande Rue Saint-Michel, 31400 Toulouse

ÖPNV: Métro: B, Haltestelle: Saint-Michel–Marcel Langer, Bus: L4, Haltestelle: Saint-Michel–Marcel Langer

Öffnungszeiten Museum: Mittwoch bis Samstag 11 bis 18 Uhr; Tel. +33 534 45 34 45

Weitere Aktivitäten:

- Repas de Rue: *cqsaintmichel.weebly.com/repas-de-rue.html*

Restaurant:

- Le Biergarten Toulouse: Aus dem Hahn fließt Paulaner, aus der Küche kommen Obatzter, Bratwurst und Schlachtwaren von Marcus Bauch aus München, und im Herbst wird das Oktoberfest gefeiert – Le Biergarten inszeniert bayrische Lebensart im QuartierSaint-Michel - und in seiner Zweigstelle Purpan; 60, Grande Rue Saint-Michel, 31400 Toulouse, Tel. +33 5 61 73 83 77, *lebiergarten.fr*

4. BBB Centre d'Art: Katalysator für zeitgenössische Kunst

Toulouse vibriert. Das zeigt sich auch in seiner kreativen Dynamik und seinem künstlerischen Schaffen. Neben großen Museen wie Les Abattoirs fördern und zeigen Dutzende kleiner Galerien und Kunstzentren das lokale Kunstschaffen. Zu diesen kleinen Katalysatoren mit großer Durchschlagskraft gehört das BBB Centre d'Art von Borderouge.

Wie kann Arbeit wieder Spaß machen? Und wie erhält das Leben einen Sinn? Burlesk und theatralisch, kitschig und kritisch zugleich hinterfragt Louise Siffert den Sinn des Lebens, die Welt der Arbeit und Entfremdung und sucht Orte des Wohlbefindens und der Gewohnheiten. „Gut Feelings. Tellement vitales et si vivantes" nannte die Straßburgerin daher ihre Ausstellung im BBB Centre d'Art von Toulouse. Der Titel spiegelt die Arbeit des BBB.

Das BBB hat sein Domizil in der ehemaligen Fabrik für industrielle elektrische Spulen im Süden von Borderouge. Es ist weniger

Für jede Ausstellung wandelt sich die Fassade.

Drinnen zeigt das BBB wechselnde Ausstellungen.

bekannt als andere Kunstzentren der Stadt. Und doch deutlich engagierter und einflussreicher in Politik und Gesellschaft. Seit 1994 fördert das BBB als Zentrum für zeitgenössische Kunst das aktuelle kreative Schaffen auf mehreren Ebenen von lokal bis international. Es zeigt Ausstellungen in situ oder im öffentlichen Raum, bietet Kreativen aus aller Welt mit Künstlerresidenzen einen Ort auf Zeit zum Arbeiten und für Ausstellungen, finanziert neue Werke oder bedeutende Editionen, initiiert den künstlerischen Austausch und fördert die Vernetzung mit Fachveranstaltungen und institutionellen Partnerschaften.

Jedes Jahr präsentiert daher das BBB auf 450 Quadratmetern vier Einzel- oder Gruppenausstellungen, die jeweils über mehrere Monate laufen. Zu sehen sind hauptsächlich aufstrebende Künstler, die im BBB oft zum allerersten Mal ihre Arbeiten in einer Einzelschau zeigen können. Oftmals leben und arbeiten die gezeigten neuen Talente als „Artists-in-residence" im BBB Centre d'Art – oder waren es gewesen.

Das Programm der Ausstellungen ist so breit gefächert wie die Kreativität der Künstler. Fotografie, Malerei, Skulptur, aber auch

Das Centre d'art contemporain La Chapelle, Saint-Gaudens

Video- und Audioinstallation oder Performances, die kreative Techniken verbinden und aufleben lassen, gehören ebenso dazu wie Veranstaltungen, die die Begegnung und den Austausch mit dem Künstler ermöglichen.

Konzerte, Vernissagen, Lesungen, Workshops sowie Führungen zum Thema Kunst in Toulouse ergänzen das kulturelle Aktionsprogramm. Wer Lust bekommt, selbst einmal kreativ zu werden, kann in Workshops künstlerische Techniken wie Malen und Zeichnen, Linol- und Holzschnitt oder das Arbeiten mit Ton erlernen. Für Künstler und Fachleute ist das BBB zudem Ressourceplattform und Schnittstelle. Es berät, vermittelt, verteidigt die künstlerische Freiheit und verbindet alternative Szenen mit großen Institutionen.

In der Region Okzitanien gibt es in jedem Département ein solches Kunstzentrum wie das BBB. Dazu gehören in Albi das bereits 1998 gegründete Centre d'Art Le LAIT, das 2016 in ehemaligen Karmeliterkloster von Auch (Gers) eröffnete Memento sowie das centre d'art contemporain in der Chapelle Saint-Jacques von Saint-Gaudens. Lokale Kunstzentren finden sich aber auch in kleineren Orten. Dazu gehören die Maison des Arts Georges et Claude Pompidou von Carjac, der Pavillon Blanc Henri Molina in Colomiers, Le Parvis in Ibos sowie in Lectoure das Centre d'art et de photographie de Lectoure. Daniel Buren machte das MRAC von Sérignan mit seiner

Farblichtkunst berühmt. An Okzitaniens Mittelmeerküste gehören drei weitere Zentren zum Netzwerk der staatlichen Kunstzentren für aktuelle Kunst: das MO.CO von Montpellier, der CRAC Occitanie von Sète sowie das À cent mètres du centre du monde (ACMCM) in Perpignan.

INFO

Lage: 96, Rue Michel Ange, 31200 Toulouse

ÖPNV: Bus: Linie 70, L1, Haltestelle: Suisse

Öffnungszeiten: Mittwoch bis Samstag 14 bis 18 Uhr;
Tel. +33 5 61 13 37 14

Websites:
- *lebbb.org*
- Centre d'Art Le LAIT, Albi: *centredartlelait.com*
- Memento, Auch: *memento.gers.fr*
- Centre d'art contemporain La Chapelle, Saint-Gaudens: *lachapelle-saint-jacques.com*
- Maison des Arts Georges et Claude Pompidou, Carjac: *magcp.fr*
- Pavillon Blanc Henri Molina, Colomiers: *www.pavillonblanc-colomiers.fr*
- Le Parvis, Ibos: *parvis.net*
- Centre d'art et de photographie, Lectoure: *centre-photo-lectoure.fr*
- Musée régional d'art contemporain Occitanie, Sérignan: *mrac.laregion.fr*
- MO.CO, Montpellier: *moco.art*
- CRAC Occitanie, Sète: *crac.laregion.fr*
- À cent mètres du centre du monde (ACMCM), Perpignan: *acentmetresducentredumonde.com*

Hinweis: Kunst vom Staat. In Frankreich ist die „1% artistique" Pflicht bei jedem öffentlichen Bauprogramm. Das bedeutet, dass ein Prozent der Baukosten in zeitgenössische bildende Kunst investiert werden. Seit ihrer Einführung im Jahr 1951 hat die „1% artistique" rund 12.300 Werke finanziert.

Die Schluchten und Berge des Nordens

Die Burg von Lussan

Die Schluchten und Berge des Nordens

5. Le Malzieu-Ville: die Bastide der Bestie
6. Véloroute de la Vallée du Tarn: strampelnd stromaufwärts
7. Nîmes: Petit Berlin bei den Römern
8. Rivière-sur-Tarn: der Käse aus dem Fels
9. Lussan: bei den Kamisarden
10. Die Gärten von Gourdon-en-Quercy
11. Peyro Levado: die „Pierre Plantée" von Lacaune
12. Langogne: bei Gargantua
13. Les Falaises d'Orque: die Kinderstube des Steinadlers
14. Lavaur: in die Platte gesteckt
15. Saint-Antonin-Noble-Val: Wanderung zum Roc d'Anglars und dem Causse d'Anglars
16. Bassin de Saint-Ferréol: die Quelle des Canal du Midi

Bourganeuf
Riom
Le Coteau
Villefranche-sur-Saône
Limoges
Clermont-Ferrand
Thiers
A89
P.N.R. de Millevaches en Limousin
A89
Cournon-d'Auvergne
Saint-Yrieix-la-Perche
Ussel
Issoire
Ambert
NEU-AQUITANIEN
P.N.R. des Volcans d'Auvergne
Saint-Étienne
Brioude
Tulle
AUVERGNE-RHONE-ALPES
Brive-la-Gaillarde
Saint-Flour
Le Puy-en-Velay
Sarlat-la-Canéda
5
10
Aurillac
12
A20
Saint-Chély-d'Apcher
Figeac
Marvejols
Mende
Cahors
Villefranche-de-Rouergue
Onet-le-Château
A75
Rodez
Pierrelat
8
15
Nationalpark Cévennes
9
Moissac
Millau
Montauban
6b
Saint-Affrique
7
Gaillac
Albi
OKZITANIEN
6a
14
11
13
A9
Graulhet
Nîmes
Blagnac
Toulouse
Castres
P.N.R. du Haut-Languedoc
Montpellier
16
Mazamet
Muret
Frontignan
Sète
Castelnaudary
Béziers
Carcassonne
Agde
A61
Pamiers
Narbonne
Saint-Girons
Limoux
Foix
Lavelanet
P.N.R. des Pyrénées Ariégeoises
Mittelmeer
Canet-en-Roussillon
Prades
Perpignan
Andorra
Saint-Cyprien
Argelès-sur-Mer

5. Le Malzieu-Ville: die Bastide der Bestie

Im Norden der Lozère und Süden des Massif Central erhebt sich über dem plätschernden Flüsschen Truyère ein Bilderbuch-Städtchen, das als Station Verte für Aktive viel bereit hält. Und doch wie viele Orte im Landesinnern von Frankreich touristisch kaum bekannt ist.

Le Malzieu ist ein verkanntes Juwel. Hinter seiner fast vollständig erhaltenen Stadtmauer hat die Stadt Ambiente und Architektur von Mittelalter und Renaissance bewahrt. Sieben Türme in der Stadtmauer sicherten einst den Zugang. Am besten erhalten ist der Tour Bodon, in dem heute das Office de Tourisme residiert. Das Fremdenverkehrsamt zeigt im einstigen Saal der Wachen heute Wechselausstellungen. Die Turmspitze ist als Aussichtsplattform geöffnet. Der 360-Grad-Rundblick über die Tondächer der alten Stadt hin zu den bewaldeten Kuppen ringsum ist beeindruckend! Die anderen Türme wurden durch Feuer, Krieg oder Naturgewalten nahezu zerstört. Den Tour Jonas riss am 27. August 1656 ein Hochwasser des Galastre mit. Auch vom einstigen Château des Barons d'Apcher ist nur noch ein Turm erhalten – der Tour de Baude.

In der Altstadt

Der Belfried, früher Turm der einstigen Pfarrkirche, dient heute nur noch als Uhrturm. Höchste Spitze der Altstadt ist der Kirchturm der Église Saint-Hippolyte, der früheren Klosterkirche von Benediktinermönchen. Für die Frauen betrieben die Ursulinen zwei Jahrhunderte lang (1618 bis 1792) ein Nonnenkloster. Einblicke in den anstrengenden Alltag der gläubigen Frauen, deren Arbeitstag um vier Uhr morgens begann und erst abends um 21 Uhr endete, gewährt heute in den Klosterräumen ein Museum. Ehrenamtliche betreiben es. Und erzählen gerne von jenen nachrevolutionären Zeiten, in denen das Kloster auch als Gefängnis und Rathaus gedient hat.

La Porte des Drogols

Hohe Natursteinhäuser mit dunklen Fensterläden und schlichte Renaissancepalais wie das Maison Lestang säumen das Labyrinth der Gassen, die immer wieder auf stille Plätze münden. Bei den sommerlichen Vide-Greniers indes drängen sich unter der Statue der Jungfrau auf der Place Eugène-de-Rozière die Flohmarktstände. Cafés und Lokale indes fehlen völlig im befestigten historischen Zentrum. Einzig ein Bäcker, ein Schlachter, eine Friseurin und eine Töpferin haben hier noch Geschäfte. Sie sind zugleich Treff- und Tratschbörsen von Le Malzieu-Ville, in dem 1941 Hunderte Juden vor den Nazis Zuflucht fanden.

Auch davon erzählen die Tafeln des Stadtrundweges mit 28 Stationen. Das Begleitfaltblatt gibt es kostenlos im Office de Tourisme. Sie berichten auch, wie aktiv die Résistance im Widerstand gegen den Faschismus in Le Malzieu-Ville war. Am Fuße der Stadtmauer erinnert ein Denkmal von Louis Castel an eine brutale Bestie. Die Bête du Gévaudan, ein haariges, wolfsähnliches Ungeheuer, hat zwischen 1764 bis 1767 in der historischen Provinz Gévaudan (heute: Lozère) mehr als 100 Kinder, Jugendliche und Frauen ermordet. Erst als der Gastwirt und Jäger Jean Chastel im Juni 1767 mit geweihten Kugeln loszog und im Wald von Teynazére in den Bergen der Margeride ein rätselhaftes männliches Raubtier erlegte, hörte der Schrecken auf. War es ein aus der Gefangenschaft entkommener afrikanischer Löwe, wie National Geographic es glaubte, eine afrikanische Hyäne – oder ein Wolf-Hybrid? Bis heute inspiriert der Mythos der Bestie von Gevaudan Film, Malerei und Literatur. Sie ist auch der Star eines Museums, das 1999 in Saugues eröffnete: Le Musée de la Bête du Gévaudan, 22 Schaubilder lang schaurig-schön.

Ein Denkmal am Eingang zur Altstadt erinnert an die Bête de Gévaudan.

INFO

Lage: Le Malzieu-Ville liegt im südlichen Massif Central auf dem Hochplateau Causse de Sauveterre.

Anreise:

- Von der mautfreien Autobahn A75 führt die D4 nach Malzieu-Ville; elf Kilometer, zwölf Minuten.
- Der nächstgelegene Bahnhof befindet sich in Aumont-Aubrac (20 Kilometer)

Aktivitäten:

- Wandern und Rad fahren: 380 Kilometer umfasst das markierte Wegenetz für Wanderer und Mountainbiker.

Zwölf Wanderungen von zwei bis vier Stunden Länge hin zum Tor der Feen oder zum Gipfel des Mont-Mouchet enthält ein Topoguide, den es gegen Gebühr beim Office de Tourisme gibt.

- Mitten durch den Ort führt mit der Via Podiensies auch der älteste Pilgerweg Frankreichs nach Santiago de Compostela. Seinen Spuren folgt die Grande Randonnée GR65 von Le Puy-en-Velay via Le Malzieu-Ville weiter nach Aumont und Aubrac. Die Weitwanderstrecke GR4 berührt Le Malzieu-Ville auf ihrem Weg von Royan (Charente-Maritime) nach Grasse (Alpes-Maritimes).
- „Les Tours de Margeride" nennt sich ein Quartett von Rundwanderungen, die von Malzieu, Aumont, Grandrieu und Langogne durch die Margeride führen und auf der 46 Kilometer langen Schleife ab Le Malzieu-Ville auch Malzieu-Forain, Paulhac-en-Margeride, Julianges und Saint-Léger-du-Malzieu erreichen.
- Klettern & kraxeln: Nördlich des Dorfes liegen das Kletterparadies Gorges de la Truyère (Verdezun). Dort saust im Juli und August auch die einzige Zip-Line der Lozère durch die Schlucht mit ihren zerfurchten Felsen; *le-malzieu-ville.fr/tyrolienne*
- Musée de la Bête du Gévaudan: 15. bis 30. Juni, 1. bis 15. September täglich 14:30 bis 18:30 Uhr, 1. Juli bis 31. August täglich auch 10 bis 12 Uhr; Rue de la Tour, 43170 Saugues, Tel. +33 471 77 64 22, *musee-bete-gevaudan.com*

Unterkunft:

- Hôtel des Voyageurs: Die 15 geräumigen Zimmer, teilweise mit Balkon, sind zwar etwas in die Jahre gekommen. Doch die tolle Lage, die kostenlosen Parkplätze, die netten Gastgeber und die deftige, ehrliche Küche mit Klassikern, die wie Kalbsbries eher selten auf den Tisch kommen, machen das kleine Manko mehr als wett; Route de Saugues, 48140 Le Malzieu-Ville, Tel. +33 466 31 70 08, *logishotels.com/fr/hotel/logis-hotel-des-voyageurs-2050?partid=661*

6. Véloroute de la Vallée du Tarn: strampelnd stromaufwärts

Nur sanfte Steigungen und kaum Verkehr. Dazu mittelalterlicher Backstein und Badespaß, Weine von Weltruf und Landschaften, die Ruhe und Schönheit atmen: Die Vallée du Tarn ist wie geschaffen für Genuss-Radler.

Der Tarn, der sich jung und wild durch die Cevennen zwängt, mündet nach 380 Kilometer bei Moissac in die Garonne. Zwischen Saint-Sulpice-la-Pointe und Trébas-les-Bains säumt die 108 Kilometer lange Véloroute de la Vallée du Tarn den Fluss – als perfekte Radelroute für ein Wochenende. Start ist in Saint-Sulpice-la-Pointe, 46 Kilometer südöstlich von Albi. Wie alle Bastiden, die im Mittelalter als „neue Städte" gegründet wurden, ist auch Saint-Sulpice im Schachbrettmuster angelegt. Rechtwinklig verlaufen seine Gassen rund um seinen zentralen Kirchplatz mit der imposanten Glockenmauer. Im Mittelalter tobte im Tarn der Glaubenskrieg. Die katholische Kirche verfolgte mit aller Gewalt die Katharer, die sich vom Papst losgesagt hatten, um ein strenggläubiges, asketisches Leben zu führen. Jene versteckten sich erst im Château du Castela, dann

Albi, Blick vom Palais de la Berbie auf den Tarn

in seinem Labyrinth hoher Gänge im Fels. Als einzige der 350 mittelalterlichen Zufluchten Okzitaniens ist der Souterrain der Burgruine für Besucher geöffnet.

Welterbe: die Kirche Notre-Dame du Bourg in Rabastens

Vorbei an Rabastens, dank Autobahnanschluss aufgestiegen zu einem der bevorzugten Wohnorte im Speckgürtel von Toulouse, geht es über eine Hängebrücke nach Lisle-sur-Tarn. Diese Bastide besitzt den mit 4425 Quadrametern größten Arkadenplatz Frankreichs. Im nahen Musée Art du Chocolat präsentiert Michel Thomaso-Defos seit 2006 monumentale Skulpturen aus Kakao. 100 Kilogramm bringt sein 1,80 Meter hoher Jakobspilger auf die Waage. Die warmen Sommer im Tarn-Tal überlebt er nur gut gekühlt. Die Römer nutzten einst tönerne Amphoren zum Lagern ihrer Waren. Hergestellt wurden sie in Montans. Wo heute der Archéosite de Montans die gallorömischen Überreste präsentiert, befand sich im ersten Jahrhundert nach Christus eine der größten Keramikwerkstätten des römischen Kaiserreiches.

Bereits vor der Ankunft der Römer wurden rund um Gaillac Wein gekeltert. Als offizieller Beginn des neuzeitlichen Weinbaus gilt die Gründung der Benediktinerabtei Saint-Michel im Jahr 972. Im Mittelalter exportierte sie den „Vin de Coq" aus Gaillac bis nach England. Bis heute werden vorwiegend alte autochthone Rebsorten wie Mauzac, Duras, Braucol und Len de l'El angebaut. Verschifft wurden die Weinfässer von den Häfen in Lisle-sur-Tarn und Rabastens.

Nächstes Ziel ist die alte Bischofsstadt Albi. Ihr Beiname „la Rouge" verrät, dass sie fast völlig aus Backstein errichtet wurde. Auf den handgetrockneten Ziegeln sind noch immer die Fingerabdrücke der Maurer zu erkennen. Selbst die riesige Kathedrale mit ihren bis zu sechs Meter dicken Mauern ist ein Ziegelbau: Weltrekord.

Und Welterbe wie das gesamte Bischofsviertel. Dort residiert im einstigen bischöflichen Palais de la Berbie das weltgrößte Toulouse-Lautrec-Museum.

Albi ist mit Arthès und Saint-Juéry nahezu verschmolzen. Der Verkehr braust. Doch der Tarn ist lauter. Beim Saut du Sabo drängt er sich zwischen Arthès und Saint-Juéry fast 500 Meter lang durch dunklen Fels, ehe er 20 Meter tief hinab donnert.

Ambialet am Tarn

Während die Straße nun merklich ansteigt, werden auch die Schleifen, mit denen sich der Tarn durch das Tal windet, immer enger. Dass sie sich in Ambialet bei einer vier Kilometer langen Flussschleife fast berühren, zeigt sich vom Aussichtspunkt L'Antenne. 14 Kilometer weiter im einstigen Gleisbett der Bahn ist Trébas-les-Bains erreicht. Das einstige Thermalbad wandelt sich jeden Sommer zu Trébas-plages – und lädt zum Bad im Fluss. Erfrischend!

INFO

Lage: Die Véloroute de la Vallée du Tarn liegt nordwestlich von Toulouse zwischen Saint-Sulpice-la-Pointe und Trébas-les-Bains.

Anreise:

- Flug nach Toulouse, weiter per Leihwagen oder Bahn
- An der SNCF-Linie Toulouse-Albi-Rodez liegen die Bahnhöfe St-Sulpice, Rabastens, Lisle-sur-Tarn, Gaillac, Marsac-sur-Tarn und Albi. Alle TER-Züge transportieren Fahrräder kostenfrei; *ter.sncf.com*

- Der Tarnbus zwischen Saint-Sulpice und Albi nimmt Fahrräder in den Gepäckklappen mit; *lio.laregion.fr*

Unterkünfte:

- L'Isatis: vier komfortable Zimmer mit WLAN in einem großen Garten mit Pool am Ufer des Tarn; 850, Chemin de Bordes, 81370 Sant-Sulpice, Tel. +33 5 63 40 00 70, *lisatis.fr*
- Château de Mayragues: zwei charmante chambres d'hôtes im mittelalterlichen Schloss des Bio-Weingutes in den Weingärten von Gaillac; 81140 Castelnau-de-Montmiral, Tel. +33 5 63 33 94 08, *www.chateau-de-mayragues.com*
- Mercure Albi Bastides: Wassermühle, Nudelfabrik, Hotel – was für eine Karriere für den wuchtigen Backsteinbau! Vom Restaurant – und vielen Zimmern – bieten sich Traumausblicke auf den Tarn und die Altstadt von Albi; 41, bis Rue Porta, Albi, Tel. +33 5 63 47 66 66, *mercure.com*
- Hostellerie des Lauriers: Grundsolide wie die Küche – Gemüse und Obst liefert der eigene Bio-Garten – sind die Zimmer des Traditionshauses am Tarn; Villeneuve-sur-Tarn, 81250 Curvalle, Tel. +33 5 63 55 84 23, *logishotels.com/fr/restaurant/logis-hostellerie-des-lauriers-3715t*

Restaurants:

- Ô Portes des Lices: Yannick Bannelier und Marlène Montagut verwöhnen mit raffinierter Küche zu überraschend günstigen Preisen. Köstlich: das Entenfilet mit Haselnüssen und knusprigen Schalotten; Rue de la Chapelle Saint-Roch, 81800 Rabastens, Tel. +33 5 63 34 64 66

  L'Epicurien: Schwedenkoch Rikard Hult interpretiert kreativ mediterrane Klassiker; 42, Place Jean Jaurès, 81000 Albi, Tel. +33 5 63 53 10 70, *restaurantlepicurien.com*
- La Moulinquié: Für das Bries vom Lamm an Pfifferlingen von Jean-Pierre Saysset kommen die Gäste von weit her; Hôtel-Restaurant du Pont, Pont d'Ambialet, 81340 Saint-Cirgue, Tel. +33 5 63 55 32 07, *hotel-du-pont.com*

Website: *af3v.org/les-voies-vertes/voies/144-veloroute-de-la-vallee-du-tarn-d-albi-a-saint-sulpice-veloroute-v85*

7. Nîmes: Petit Berlin bei den Römern

Gallier und Römer haben dafür gesorgt, dass Nîmes als Hauptstadt des Gard zum Welterbe wurde. Doch das antike Dreieck mit seinen dicht gedrängten Sehenswürdigkeiten und weltberühmten Museen verlässt kaum ein Besucher. Schade – denn für Insider sind Richelieu und Gambetta heute als „Petit Berlin“ die spannendsten Viertel für Street-Art in Frankreich.

Das bunte Krokodil von L'Insecte in der Rue de Rangueil

Die beiden Hotspots für Urban Art beginnt dort, wo die Antike endet: an der Porte d'Auguste bei der Place Gabriel Péri. Wo Kaiser Augustus hinter der antiken Pforte im Grün die Hand zum Gruß hebt, hat ein Street-Art-Künstler während des ersten Totallockdowns der Corona-Pandemie im März 2020 ein Gesicht mit Maske auf die Fassade gemalt. Illegal in der Nacht. Ganz legal darf in den Gambetta-Richelieu auf Fassaden gemalt werden, die Eigentümer für die Expo de Ouf zur Verfügung stellen. Hinter dem 2013

gegründeten Straßenkunstfestival steht der Verein Le Spot, der in den beiden Vierteln einst leer stehende Häuser zu Coworking-Stätten und Zentren der Alternativkultur verwandelt hat.

Wer durch das Gewirr der Gassen wandert, kann Dutzende von Fresken entdecken, die lokale und internationale Künstler entwarfen. Roch Marcorelles lässt im Quartier Richelieu in der Rue des Bons Enfants einen riesigen Wal in Schwarzweiß über den geparkten Fahrzeugen schweben. Einen anderen Parkplatz hat in der gleichen Straße das Team Tank-Popek mit kleinen Eulen und einem großen Uhu verschönt, dessen Kopf ornamental geschmückte Ringe umgeben.

Alain Merle lebt im Richelieu-Viertel. Er gehört zu den Eigentümern, die ihre Grundstücksmauern frei zum Bemalen gegeben haben. Er wünschte sich: Brassens. Das Duo Pyrate und Souredj reagierten zunächst ablehnend und wollten eigene Ideen umsetzen. Doch als sie die Leidenschaft des Mannes für den Chansonsänger

Das Fresko von Tank und Popek im Richelieu-Viertel

Zeklo malte einen Frauenkopf in Pastelltönen auf die Fassade.

spürten, wuchs die Lust, Georges Brassens auf der Wand zu verewigen. Seit 2019 ziert sein Konterfei von Pyrate die von Souredj geschmückte Mauer an der Rue Baudin zur Ecke Rue Aquitaine.

Eine der Hauptstraßen der Straßenkunst ist die Rue Robert. An die Ecke der Rue Saint-Charles setzte Zeklo 2015 einen Mann mit dunkler Haut, Wuschelhaar und weißen Achselshirt. Dass dieses Œuvre noch nicht übermalt wurde, zeigt den Respekt der anderen Street-Art-Künstler vor diesem Œuvre. Dort, wo die Rue Robert auf die Rue Clérisseau stößt, hat Monsieur S Fotos von Menschen als Schablone auf die Fassade gesetzt, die Polo 5167 geometrisch umrahmte.

Das Gemeinschaftswerk begrenzt zur einen Seite die Wall of Fame des Festivals. Wer dort sein Werk zeigen kann, gehört zu den besten und anerkanntesten Künstlern der Szene. So wie Victorien Liria, genannt Maye, 1990 in Sète geboren. Semer mit seinem Scooter. Oder Supocaos. Der 2019 eine Hauswand mit einem Wandbild schmückte, das die Street-Art als Kunst des 21. Jahrhundert in die Kunstgeschichte einordnet – und dazu Vincent van Gogh, seine Sonnenblumen und sein gelbes Haus in seinem Wandbild ehrt.

Die meisten Wandbilder sind während des Straßenkunstfestivals L'Expo de Ouf entstanden. Zwei Monate lang, von Anfang September bis Ende Oktober, erhalten rund dreißig Straßenkünstler aus aller Welt in Nîmes Flächen auf Hausfassaden und anderen Wänden, um dort ohne Auflagen oder Thema ihrer Kreativität freien Lauf zu lassen.

„Petit Berlin" nennen sich stolz die beiden Viertel mit Blick auf den Ruf der deutschen Hauptstadt für Graffiti und Alternativkulturen. Und tatsächlich weht ein Hauch von Kreuzberg durch die einstigen Arbeiterviertel mit ihren kleinbürgerlichen Wohnhäusern und Werkstätten, dem bunt gemischten Mix der Bewohner, den Maghrebbuden und ihrer Patina. Damit lockt die alternative Szene die bürgerliche Bohème. Mit diesen „Bobos" beginnt auch in Nîmes nun die Gentrifizierung der stadtnahen Viertel.

INFO

Lage: Nîmes ist die Hauptstadt des Gard und liegt am Südrand der Cévennen, an die sich die Ebene der Camargue hin zum Mittelmeer erstreckt. Die Viertel Gambetta und Richelieu liegen nördlich der Altstadt von Nîmes und sind zu Fuß in rund zehn Minuten von der Altstadt und 15 Minuten vom Bahnhof zu erreichen.

Anreise:

- Von der Autobahn A9 La Languedocienne die Abfahrt Nîmes Ouest bzw. von der A54 die Ausfahrt Nîmes Centre nehmen. An der Porte Auguste befindet sich eine Tiefgarage.
- In Nîmes halten TGV-, Intercity- und TER-Regionalzüge der SNCF; Gare de Nîmes, 1, Boulevard Sergent Triaire, 30000 Nîmes, Service-Tel. 36 35, *gares-sncf.com/fr/gare/frfni/nimes*

- Der Flughafen Aéroport Nîmes Camargue Cévennes liegt 14 Kilometer südöstlich; 30800 Saint-Gilles, Tel. +33 4 66 70 49 49, *nimes.aeroport.fr*

Aktivitäten:

- Festival l'Expo de Ouf: Führungen mit der Association Locomotiv, *expodeouf.fr*
- Le Spot Nîmes: Der Verein, der hinter der Quartiersentwicklung mit Street-Art steht, betreibt im Gambetta-Viertel auf 500 Quadratmeter einen hybriden Kunst-, Genuss- und Arbeitsraum mit dem Bar-Bistro La Cantine, Mikrobrauerei, Skateshop und einem Ausstellungsraum in situ, den die Künstler vom Boden bis zur Decke alle zwei Monate neu gestalten können. Für Konzerte, Videoprojektion, Workshops, Konferenzen und Meetings gibt es einen Multifunktionsraum, zum Arbeiten neun Büros und Werkstätten um einen Innenhof; 8, Rue de l'Enclos Rey, 30000 Nîmes, Tel. +33 4 66 36 85 64, *lespotnimes.com*
- L'Archipel: Das Zentrum der Alternativkultur im Quartier Richelieu residiert im einstigen Gewerkschaftshaus der Eisenbahner. Neben Coworking-Räumen (Büros, Werkstätten) gibt es auch einen Multifunktionsraum für Veranstaltungen. Top ist die Dachterrasse mit bunten Leuchten, Sitzgelegenheiten und tollen Aussichten auf Nîmes. Die Fassaden schmücken Street-Art – und eine Parade von Fahrrädern von Monsieur BMX aus Montpellier; 30, Rue Pierre Semard, 30000 Nîmes, Tel. +33 4 66 06 01 81

  La Verrière: Co-Working-Zentrum des Stadtteils Gambetta mit rund 30 Kreativen als Mietern, die ab und an einzelne oder gemeinsame Events veranstalten; Ecke Rue de la Baume/Rue Porte d'Alès, 30000 Nîmes, *facebook.com/laverriere.nimes*

Unterkunft:

- Hôtel Doré: einfach, günstig und mitten im Street-Art-Viertel Richelieu gelegen mit 23 schlichten Zimmern für ein bis vier Personen, 2021 renoviert; 2, Rue Nicot, 30000 Nîmes, Tel. +33 4 34 28 83 16, *facebook.com/p/Hotel-Doré-de-Nîmes-100066201279383/?*

8. Rivière-sur-Tarn: der Käse aus dem Fels

Der Fels, der bei Rivière-sur-Tarn in einer Flussschleife des Tarn den Eingang zu den spektakulären Schluchten der Gorges du Tarn bewacht, birgt im Innern ein köstliches Geheimnis: den Bleu des Causses. Mit Kuh- statt Schafmilch bringt dieser AOC-Blauschimmelkäse wahres Genießer-Glück.

„Petra lapta“: Der lateinische Name verrät, warum „gestürzter Stein“ den Käsemachern so gut gefällt. Denn in Rivière-sur-Tarn sind die geologischen Gegebenheiten ähnlich geartet wie beim viel berühmteren Käseort des Aveyron, Roquefort. Dort war vor 200.000 Jahren im Combalou-Massiv ein rund zwei Kilometer langer Felssturz entstanden, dessen Höhlen und Grotten bis zu 300 Meter tief reichen. Durch Felsspalten, von den Einheimischen „Fleurines“ genannt, zieht dort das ganze Jahr hindurch Luft durch die Keller. Sie sorgt für konstante Belüftung und gleichbleibende Temperaturen. In Roquefort verwandelten die Käsemacher die Höhlen und Grotten in weltberühmte Veredlungskeller, in denen der Blauschimmelkäse aus Schafsmilch bis zur Vollendung reift.

Burg und Berg scheinen geradezu verschmolzen.

Weitblick aufs Tarntal von der Burg

Genau solche Verhältnisse birgt auch der Geröllhang von Rivière-sur-Tarn, der durch den Einsturz des Puech de Fontaneilles entstand. Doch auf den Weiden ringsum grasen keine Schafe, sondern Kühe. Ihre Milch bildet den Rohstoff für den Bleu des Causses. Seit 1856 stellt ihn die Société Fromagère de Rodez nach Vorbild des Roquefort her und lässt ihn in den Naturhöhlen, in den Caves de Peyrelade, drei bis sechs Monate lang reifen. Mit Infotafeln und einem Video erklärt die Käserei die traditionsreiche Herstellung ihres Blauschimmelkäses im Gewölbe-Shop.

Roquefort vom Schaf, Bleu des Causses von der Kuh: Trotz gleicher Herstellung und Reifung unterscheiden sich die beiden Blauschimmelkäse sehr. Der Bleu des Causses erhält durch die Kuhmilch eine gelblichere Farbe als der Roquefort. Seine Textur ist cremiger und sein Geschmack ist, je nach Reifeprozess, ausgeprägter. Der Bleu des Causses ist zudem das ganze Jahr erhältlich, da die Kuhmilch tagtäglich frisch gewonnen wird. Das ermöglicht eine industrielle Fertigung in Ergänzung zur handwerklichen Herstellung. Die Roquefort-Herstellung indes ist ein Saisongeschäft und trotz großer Unternehmen immer noch rein handwerklich. Beide Käse eint die Auszeichnung als Appéllation d'Origine Protégée (AOP). Insgesamt 46 Käsesorten in Frankreich schützt dieses Siegel der geschützten Herkunftsbezeichnung, das zudem genaue Regeln für die Fertigung und Verbreitung vor Ort vorschreibt.

Nicht nur Käse fühlt sich in den Verwerfungen und den „Fleurines" wohl. Die Caves Semi-troglodythes d'Entre-Deux-Monts beweisen es. Ab Ende des 17. Jahrhunderts hatten dort die Winzer ihre Weine gelagert. Die natürliche Belüftung der Grotten, die mit kleinen Feldsteinhäuschen überbaut wurden, sorgte für eine optimale Weinkonservierung.

Der Bleu des Causses

Auf der Spitze des Felsens an der Tarnschleife kontrollierte ab 1147 eine Burg, die bis ins 16. Jahrhundert ausgebaut und mit dreifachem Mauerring versehen wurde, einst den Eingang zum Tarntal. Heute ist das Château de Peyrelade eine der eindrucksvollsten Ruinen der Rouergue. Wer zu ihr hinauf steigt, wird mit einem spektakulären Panorama auf das Tal und die Gorges du Tarn belohnt. Alljährlich im August lebt das Mittelalter dort auf – dann inszeniert Rivière-sur-Tarn mit Rittern und Burgfräulein, Kämpfen und Wettbewerben das Burgleben von einst. Eine Verkostung des Bleu des Causses darf da nicht fehlen.

Der Käsekeller von Rivière-sur-Tarn

INFO

Lage: Rivière-sur-Tarn liegt am Eingang der Schluchten des Tarn im Aveyron, rund 15 Kilometer nordöstlich von Millau an der D907. Bleu des Causses (Société Fromagère de Rodez – ETS Fromages et Poudre) Caves de Peyrelade, 12640 Rivière-sur-Tarn

Anreise:

- mit dem Auto: auf der mautfreien Autobahn A75 bis Millau, von dort erst auf der D807, dann D907 durch das Tarn-Tal bis Rivière-sur-Tarn
- mit Bahn/Bus: Der nächstgelegene Bahnhof befindet sich in Millau (13 Kilometer). Von dort verkehrt zweimal täglich der Bus nach Rivière-sur-Tarn.

Öffnungszeiten: Oktober bis April Montag, Mittwoch, Freitag 10 bis 12:30 Uhr; Mai, Juni, September Montag, Mittwoch, Freitag 9 bis 12:30, 15 bis 18 Uhr; Juli/August täglich 9 bis 13, 14:30 bis 19:30 Uhr; Tel. +33 5 65 6261 02

Aktivitäten:

- Weinkeller Domaine de la Cardabelle: Am Eingang der Georges du Tarn baut die Familie auf der Domaine de la Cardabelle seit mehreren Generationen Wein an. Ihr Weinberg ist mit drei Hektar klein, doch ihre Weine sind Kleinode und verbinden die Frische des Gamay mit der Kraft des Syrah. Die Rotweine sind körperreich und voller Aromen, die Roséweine ausgesprochen fruchtig. Gästezimmer auf dem Weingut; 5, Chemin du Roc de Peyrelade, 12640 Rivière-sur-Tarn, Tel. +33 5 65 59 85 78, *domaine-lacardabelle.eu*

Unterkünfte:

- Campingplätze, private Gästezimmer und Ferienwohnungen bzw. -häuser dominieren in Rivière-sur-Tarn das Angebot, wo es zwei Hotels gibt – das hier nicht aufgeführte ist weniger zu empfehlen.
- Le Clos d'Is: Zweisternehaus mit 20 Zimmern, guter Regionalküche und schönem Garten; Route des Gorges du Tarn, 12640 Rivière-sur-Tarn, Tel. +33 5 65 72 62 47

9. LUSSAN: BEI DEN KAMISARDEN

Ein altes Dorf auf einer Hügelspitze, von Mauern geschützt, überragt von einem Schloss: Lussan, knapp 20 Kilometer nördlich von Uzès, gehört zu den schönsten befestigten Felsendörfern des Départements Gard. Ein Dorfidyll im Languedoc, beschaulich, authentisch – und geprägt von einer schaurigen Geschichte.

Was Lussan erlebte, ist typisch für viele Orte im Osten des Languedoc und in den Cevennen. Um 1525 erreichte der Calvinismus jene Region, verbreitete sich rasch – und sorgte fortan für Glaubenskonflikte. Angeheizt wurde der Religionsstreit durch die damalige Einheit von Kirche und Staat. Mit der „Taille", die jeder Franzose bis zur Französischen Revolution an den König zahlen musste, quetschte der französische Souverän die letzten Sous aus der Bevölkerung heraus. Brot-Proteste und Bauernaufstände zeigten, wie sehr das Volk unter dem Luxus der Krone litt. Mit dem protestantischen Glauben erhielt der zunächst aus der Armut geborene politische Widerstand nun auch eine religiöse Dimension.

Die Pfarrkirche von Lussan

Das Edikt von Nantes, das ab 1598 freie Glaubensausübung zusicherte, sorgte nur für eine kurze Atempause in den Religionsstreitigkeiten. Als Ludwig XIV. im Jahr 1685 das Edikt aufhob, wurde der Katholizismus Staatsreligion. Die Protestanten des Gard gingen in den Untergrund. „Le désert" nennen sie bis heute jene Zeit, als sie sich als verfolgte Hugenotten in Höhlen und Grotten versteckten und ihre Gottesdienste im Gestrüpp der Garrigue abhielten.

Das Burgschloss von Lussan dient heute als Rathaus.

Ludwig XV. bekämpfte die Hugenotten mit den „Dragonades", den mit massivem Druck und Leid erzwungenen Bekehrungen. Er ließ Dragoner-Regimenter in die aufständischen Dörfer verlegen und quartierte die Soldaten bei den Bauern und Handwerkern ein. Jene mussten nicht nur Kost und Logis stellen, sondern auch Töchter und Frauen für den Sexualtrieb der Soldaten. Haus und Hof zerstört, die Frauen entehrt: So versuchte die katholische Kirche im Auftrag der Krone, den „ketzerischen" Glauben der Hugenotten zu brechen.

Ihr Widerstand mündete im 18. Jahrhundert in die Kamisardenkriege. Ihren Namen „Camisards" erhielten die Hugenotten der Cevennen nach ihren Hemden, den „Chemises". „Camisards" waren nicht nur Väter und Söhne, sondern auch Mütter und Töchter, die sich mit Sensen und Mistgabeln den königlichen Truppen entgegenstellten. Eine der wichtigsten Schlachten jener Kriege fand im Oktober 1703 zu Füßen von Lussan statt. Jean Cavalier führte damals die Kamisarden in der Schlacht gegen die Soldaten des Marquis de Vergetot. Ihre Niederlage bedeutete Gefängnis, Galeere oder Exil für die Aufständischen.

Die Erinnerung an jene Zeit ist bis heute tief im kollektiven Gedächtnis verankert. Widerstand gegen Kirche und Krone leistete einst auch Théophile Gide. Er versteckte sich einige Jahre lang in den Concluses. Dort verengt sich die Schlucht des Aiguillon auf wenige Meter. 1795 kaufte der Vorfahre des berühmten französischen Schriftstellers André Gide am Ufer des Fan das Château de Fan. Zwei Jahrhunderte lang war das 1550 errichtete Herrenhaus der Stammsitz der Familie. 2008 wurde das Anwesen an der Straße nach Barjac, das von 1920 bis 1980 Sitz der Gendarmerie gewesen war, in Wohnungen umgewandelt.

In der Rue Tour des Remparts

Wer heute zum Dorf hinaufsteigt, sollte sich dieser Zeiten erinnern, wenn er Lussan erst auf der Stadtmauer einmal rundherum umrundet und dann durch die alten Kopfsteingassen schlendert, die südliches Flair mit ihren Feldsteinen und vielen Blüten verströmen. Im Zentrum erhebt sich heute die katholische Pfarrkirche. Jean Pierre Gide stellte den Protestanten im frühen 19. Jahrhundert eine Parzelle Land für ihr Gotteshaus zur Verfügung. 1822 konnten sie im Schatten der Stadtmauern ihren „Temple“ einweihen.

INFO

Lage: Dort, wo die Ebene in das Massiv Central langsam übergeht, erhebt sich Lussan im Gard über dem Tal des Aiguillon auf einem 345 Meter hohen Kalkplateau inmitten von Weingärten und Garrigue.

Anreise:

- mit dem Auto: von Uzès auf der D929 gen Norden, 19 Kilometer
- mit Bahn/Bus: Der nächstgelegene, gut erreichbare Bahnhof befindet sich in Alès (23 Kilometer). Von dort mit der Buslinie 152 bis Saint-Ambroix (Boulevard de Portalet), dann mit der Linie 230 bis nach Lussan.

Aktivitäten: Wandern zu den Concluses de Lussan – in den Gorges de l'Aiguillon rücken die Felswände bis auf wenige Meter zusammen. Im Sommer ist die Schlucht nahezu ausgetrocknet – perfekt zum Wandern!

Restaurants:

- Bistrot de Lussan: Mitten im alten befestigten Dorfkern serviert das Bistrot de Lussan auf seiner von Mauern umgebenen, schattigen Terrasse sowie im Speisesaal drinnen regionale Spezialitäten; Ostern bis Oktober; Place Jules Ferry, 30580 Lussan, Tel. +33 4 04 34 04 86 85, *lebistrotdelussan.fr*
- Auberge Gardoise: In einer alten Postkutschenstation aus dem 17. Jahrhundert verwöhnt Chefkoch Cédric Douchin mit regionaler Küche im schicken Speisesaal oder auf der großen Terrasse; La Coulorgue, 30580 Vallérargues, Tel. +33 4 66 72 72 72, *auberge-gardoise.com*

Unterkunft:

- Auberge Gardoise: Wer nach gutem Essen bleiben möchte, findet in der Auberge drei komfortable Doppelzimmer, ein geräumigeres Superior-Zimmer mit Kingsize-Bett, ein Familienzimmer für vier Personen sowie einen großen Garten mit Pool; La Coulorgue, 30580 Vallérargues, Tel. +33 4 66 72 72 72, *auberge-gardoise.com*

10. Die Gärten von Gourdon-en-Quercy

Die alte Bourg von Gourdon-en-Quercy ist gebautes Mittelalter. Im Gewirr der alten Gassen mit ihren Häusern aus hellem Stein, pastellblauen Fensterläden und Dächern aus Ton verstecken sich eine Handvoll ummauerter Gärten, die zur Zeitreise der Gartenkultur laden: die Jardins de la Butte.

Die Jardins de la Butte sind eine Reihe von thematischen Gärten im mittelalterlichen Viertel von Gourdon, die im Geiste eines Gartens aus der Zeit Karls des Großen (747 oder 748 bis 814 n. Chr.) angelegt sind. Der erste westeuropäische Kaiser seit der Antike hatte mit seinem „Capitulare de villis vel curtis imperii" um das Jahr 812 herum die Organisation der mittelalterlichen Gärten tiefgreifend verändert. Sein Kapitulat führte detailliert die einzelnen Bestandteile einer vorbildlichen Musterwirtschaft auf – von der Dreifelderwirtschaft über den Weinbau und der Obstpflege bis zur Zucht von Haus- und Herdenvieh. Mit dieser Neuordnung beginnt in Gourdon die grüne Zeitreise der Jardins de la Butte.

Am Hang angelegt: die Jardins de la Butte

Auf den Fundamenten verschwundener Häuser entführen die Jardins

Zig-Zag ins Mittelalter. Viele der in diesen Gärten verwendeten Elemente stammen aus der Zeit Karls des Großen, so zum Beispiel die Aufteilung der Gärten nach ihrer Funktion und die Auswahl der Pflanzen. Das Kapitular von Villis umfasste auch 94 Bäume, Gemüse- und Obstpflanzen, die in den Krongütern des Königreichs angebaut werden sollten, um eine konstante Versorgung zu sichern und Hungersnöten vorzubauen. Die Zeitreise ins 13. Jahrhundert ist gestaltet als ein verschlungener Weg, der einer Pilgerreise nach Chartres nachempfunden ist. Er berührt auch ein Rosarium. Dort geben Rosen als Boten des Himmels eine Vorahnung vom Paradies. Oben auf dem Dach schützt Hauswurz vor allem Übel. Im ersten Garten wachsen alte Apfelsorten vor einer Wand am Spalier. Die drei Sorten beschert eine Fülle von Früchten von August bis Oktober. Dafür sorgt auch der besondere Schnitt der Obstbäume. Drei weitere alte Obstsorten wachsen im Vigidarium, wo zwischen den Bäumen Iris und Madonnenlilien blühen. Letztere galten im Mittelalter als Symbol der Reinheit. Im ummauerten Hortus wächst Gemüse in Beeten aus geflochtener Kastanie. Solche Beete waren typisch im Mittelalter. Sie erleichterten die Pflege des Küchengartens und all jener Heilpflanzen, die in solchen „Bacs en plessis“ im Herbularis wuchsen. Ein Bienenstock liefert dort Honig.

Ein Schmetterling ganz in Grün

Die Jardins du Sénéschall entführen ins 16./17. Jahrhundert. Sie erstrecken sich hinter der Maison du Sénéschall und bergen neben Picknicktischen auch einen Bouleplatz auf dem Hof – Leihkugeln gibt es kostenlos bei Hinterlegung des Ausweises im Herrenhaus. Das Stadtpalais aus dem 15. Jahrhundert dient seit 2015 als Kulturzentrum für Architektur und Kulturerbe. Seine Dauerausstellung beginnt mit einem chronologischen Fries, der die wichtigsten Daten der französischen Geschichte und die wichtigsten Ereignisse in Gourdon gegenüberstellt. Die drei Ausstellungssäle zeichnen die Geschichte von Gourdon seit der Vorzeit nach und stellen die berühmtesten Persönlichkeiten der Stadt vor. Zum Herrenhaus gehört ein Garten im Stil der Renaissance, dessen schönster Schmuck ein Schmetterling aus Buchsbaum ist. Wasserfontänen umgeben ihn. Im Sommer dienen Les Jardins du Sénéchal als Bühne für Veranstaltungen.

Beim dritten Gartenprojekt der Jardins de la Butte arbeiten die Freiwilligen vom Verein Vertues Vertes mit der Communauté de Communes Quercy-Bouriane zusammen. Gemeinsam mit dem Gemeindeverbund schufen sie den Jardin de Contes de Fées bei der Bibliothek von Gourdon. Fantasievolle Holzfiguren entführen dort in die Märchenwelt von Charles Perrault und den Gebrüdern Grimm: Blanche Neige (Schneewittchen), Le Petit Poucet (Der kleine Däumling) und Le Petit Chaperon Rouge (Rotkäppchen) als kantig-grobe Gestalten mit Armen aus Ästen und klobigen Stämmen als Körper. Pampas- und Bambusgras wiegen sich sanft im Wind. Vor der Naturstandmauer lädt eine geflochtene Weiden-Ecke ein, zu schauen, zu lesen oder zu träumen.

Der mittelalterliche Küchengarten

INFO

Lage: Die Altstadt (bourg) von Gourdon-en-Quercy liegt auf einem Hügel zwischen den Causse de Gramat und dem Périgord im Herzen der sandigen Landschaft der Bouriane im Département Lot.

Anreise:

- mit dem Auto: Auf der Autobahn A20 die Ausfahrt 56 nach Gourdon-en-Quercy nehmen und der Départementstraße D801 bis zum Ort folgen.
- mit der Bahn: In Gourdon-en-Quercy halten die TER-Regionalzüge der SNCF; *ter.sncf.com*

Öffnungszeiten: Die Gärten können ganzjährig frei besucht werden. Jeden Dienstag pflegen Freiwillige die Anlage; *vertusvertes.com*

Restaurant:

- Restaurant-Pizzeria La Notte: Traditionelle französische und regionale Küche sowie gute Pizza serviert dieses Terrassenlokal im Herzen der Altstadt zum Ausblick auf die Bouriane; 30, Rue du Corps Franc Pommies, 46300 Gourdon, Tel. +33 5 65 41 27 70, *facebook.com/profile.php?id=100093506780018&dl_redirect=1*

Unterkunft:

- Hotellerie de la Bouriane: Seit 1898 betreibt die Familie Lacam ihr Dreisternehaus in einem alten Landhaus des Quercy, mit 20 geräumig-nostalgischen Zimmern mit dunklem Holz und gediegenem Ambiente. Das Restaurant serviert gehobene Lokalküche; Place du Forail, 46300 Gourdon-en-Quercy, Tel. +33 5 65 41 16 37, *hotellabouriane.fr*

Hinweis: Eine Infoblatt zu den Jardins de la Butte gibt es kostenlos im Fremdenverkehrsbüro (Office de Tourisme) und als Online-Broschüre hier: *de.calameo.com/read/0042176824f9f48f9e002*

11. Peyro Levado: die „Pierre Plantée“ von Lacaune

Drei Kilometer nordöstlich von Lacaune erhebt sie sich, knapp 100 Meter von der Départementstraße D622 entfernt, auf freiem Feld: die größte Menhirstatue der Welt. 4,50 Meter hoch ragt dort die auch „Pierre Plantée“ genannte Menhirstatue Peyro Levado in den Himmel des regionalen Naturparks des Haut-Languedoc im Département Tarn.

Der Peyro Levado ist die größte Menhirstatue Okzitaniens.

Erst 1820 wurde dieser besondere Stein entdeckt. Damals befand er sich in einem sehr schlechten Zustand. Er hatte sich im Laufe der Jahrtausende beträchtlich geneigt und seine Gravuren nahezu verloren. Doch 58 Jahre nach seiner Entdeckung ließ die Commission des Monuments Mégalithiques den Menhir wieder aufrichten und beauftragte mit dem schwierigen Unterfangen einen Steinmetz aus Le Thïoys. 80 Goldfranken erhielt er als Lohn fürs Aufrichten, umgerechnet rund 1000 Euro. Die Ausgrabungen zu seinen Füßen, die 1883 erfolgten, brachten keinerlei Aufschlüsse oder weitere Funde aus der Vorzeit. Seit dem gleichen Jahr steht der Stein unter Denkmalschutz – und trägt seitdem den Namen Peyro Levado.

Die Ritzungen im Stein sind nur schwer zu erkennen.

Der Peyro Levado ist die wohl berühmteste der vielen Menhirstatuen Okzitaniens. Mehr als 100 dieser „Pierres Plantées" erheben sich im Aveyron, im Norden des Hérault und im Tarn. Alle diese Monumente stammen aus dem Neolithikum und damit aus einer Zeit, in der sich der Mensch vom Sammler und Jäger zum sesshaften Ackerbauern wandelte. Dieser Übergang erfolgte in Okzitanien in der Zeit um 3500 v. Chr. 4,50 Meter ist die „Pierre Plantée" insgesamt lang. Einen Meter tief steckt sie in der Erde. 1,70 Meter ist sie breit und bis zu 50 Zentimeter tief, sprich dick. Mit diesen Maßen ist sie ein wahres Schwergewicht unter Europas Menhiren und bringt neun Tonnen auf die Waage.

Die Menhir-Statuen Okzitaniens bestehen aus Sandstein oder, wie beim Peyro-Levado, aus Granit. Ihre Form bildet stets ein abgerundetes Parallelepiped. Gravuren und anthropomorphe Skulpturen schmücken den Stein. In diesen Gravuren unterscheiden sich die Menhire des Südwestens von denen der Bretagne. In Okzitanien zeigen die Skulpturen männliche oder weibliche Figurationen. Weibliche Menhir-Statuen präsentieren dort auf dem Stein ihre Brust oder tragen Schmuck. Die männlichen Menhirstatuen tragen Gegenstände oder Werkzeuge in ihren Händen. So auch der Peyro Levado, der zu den ältesten Menhirstatuen der Region gehört. Wer genau hinsieht, kann in den groben, schematischen Gravuren einen Mann erkennen. Ein Halbrund trennt den Kopf vom Körper, als Augen wurden zwei Löcher in den Stein geschlagen. Eine zweite Gravur hebt den Arm vom Körper ab. Mit etwas Abstand – die Handdarstellung fehlt auf dem Stein – sind die Umrisse eines spitzen Werkzeuges zu erkennen. Auf Bauchhöhe markieren zwei Linien einen Gürtel samt Schnalle, darunter weitere Linien die Beine.

Die Region rund um Lacaune mit seinem berühmten Schinken gilt als der wichtigste Standort von Statuenmenhiren in Europa. Mehr als 20 geheimnisvolle Statuen dieser Art stehen zwischen Lacaune, Murat und Nages in der bergigen Landschaft.

Aus Granit wurde die Menhirstatue geschlagen.

Neben Lacaune gehört Saint-Sernin-sur-Rance im Département Aveyron zu den bedeutendsten Fundstätten von Menhirstatuen. 1888 hatten dort Kinder eine Stele mit der Darstellung einer Frau gefunden und dem örtlichen Pfarrer gezeigt. Auch die dortigen Statuenmenhire tragen den für die okzitanischen Vorzeit-Funde typischen Gürtel.

INFO

Lage: im Parc Régional Naturel du Haut-Languedoc, D622, 81230 Lacaune

Öffnungszeiten: ganzjährig rund um die Uhr zu besichtigen; Infotafel und Parkplatz auf der rechten Seite der D622 von Lacaune nach Murat-sur-Vèbre

Aktivitäten:

- Centre d'Interprétation des Statues Menhirs: 18 Menhir-Statuen als Original oder Kopie in zwei Sälen zeigt dieses Museum, das Vorzeit-Fans in den 1950er-Jahren gründeten, und blättert so Leben und Alltag vor 5500 Jahren auf; Rue de la Mairie, 81320 Murat-sur-Vèbre, Tel. +33 5 32 11 09 46, *www.murat-sur-vebre.fr/fr/tourisme/a-visiter_113.html*

Unterkünfte/Restaurants:

- Logis Hôtel le Relais de Fusiès: 1690 eröffnete die Familie Fusiés eine Posthalterei. Zwei Könige, eine Revolution, fünf Verfassungen, acht Präsidenten und einige Epidemien später ist das Dreisternehaus mit dem Logis-Label „Cosy“ noch immer eine gemütliche Bleibe mit 30 Zimmern, nostalgischem Flair in den öffentlichen Bereichen und modernem Komfort im Stil von heute in den Zimmern. Das 400 Quadratmeter große Spa birgt neben Sauna und Schwimmbad auch einen Hammam und einen Außen-Jacuzzi. Auch die Küche im Restaurant ist vorzüglich; 2, Rue de la République, 81230 Lacaune-les-Bains, Tel. +33 5 63 37 02 03, *hotelfusies.fr*
- À La Maison: Annie und Claude Calas haben ihr Hotel-Restaurant, das seit vier Generationen im Familienbesitz ist, 2017 verkauft. Seitdem führt das Ehepaar Aza das geschichtsträchtige Zweisternehaus mit 13 stylisch verjüngten Zimmern und schönem Innen- und Gartenpool weiter: Monsieur wirbelt im Speisesaal, Madame in der Küche; 4, Place de la Vièrge, 81230 Lacaune-les-Bains, Tel. +33 5 63 37 03 28, *alamaison-calas.fr*

12. Langogne: bei Gargantua

Er muss unvorstellbar groß gewesen sein: Gargantua. In den Bergen der Lozère hat der Riese aus dem zweiten Roman von François Rabelais seine Spuren in der Landschaft hinterlassen. 1534 erfand der französische Nationaldichter den Vater von Pantalgruel – und ließ beide in Ritterroman-Parodien, die schließlich fünf Bände umfassten, sagenhafte Abenteuer erleben. Fast 500 Jahre später feiert bis heute ein Ort ihre Erinnerung: Langogne.

Die Chapelle du Couvent

Der gefräßige Riese wurde bei seinen kriegerischen Heldentaten in allen Ecken Frankreichs gesehen. In der Lozère formte er sogar die Landschaft. Mehrere Kilometer lang waren mitunter seine Schritte und Spuren, die er im Südosten des Cevennen-Nationalparks hinterließ. Bei Châteauneuf-de-Randon verlor Gargantua seinen linken Schuh. Ein wackeliger wie ungewöhnlich geformter Granitfels – die „Pierre Branlate" – inspirierte dort die Legende vom „Sabot de Gargantua". Der Chemin de Ronde um Châteauneuf-de-Randon berührt das Naturdenkmal auf seiner Strecke um das Dorf. Seinen rechten Schuh hinterließ der Reise auf dem Gipfel des Signal de Randon, mit 1551 Metern einer der höchsten Gipfel der Monts de la Margeride. Wenn er nicht wanderte, liebte es Gargantua, mit den Hirtenjungen zu spielen und Steine zu werfen. Die Felsen flogen weit. Sie landeten auf dem Causse de Méjean ebenso wie im Süden von Langogne.

Seit 1884 feiert die Langogne ihren wandernden Riesen. Seit 2014 ist Gargantuas legendäre Gefräßigkeit Anlass für die Fête du Manouls. Alljährlich im Frühjahr lädt die Brüderschaft Confrérie du Manouls Langonais de Gargantua zum Wettessen. Wer schafft es, morgens um acht in der Halle aux grains innerhalb von 15 Minuten möglichst viele Manouls zu verputzen? Zehn Stück stopfte sich Bertrand Murcia in den Mund. Prompt wurde der Schnellesser, wie in den Vorjahren, vor einem riesigen Gargantua-Kopf auf einem Karnevalswagen zum Sieger erkoren. Die Manouls de Langogne sind eine lokale Spezialität. Sie werden aus den Innereien vom Schaf hergestellt. Pansen, Därme und Füße werden dazu mit Zwiebeln, Knoblauch, Petersilie, Kräutern, Salz und Pfeffer gefüllt, in Butter angebraten und mit Weißwein abgelöscht. Dazu passen Kartoffeln und ein grüner Salat.

Café-Bar in der Tour de la Prison

Auf das Wettessen folgt ein gemeinsames Frühstück mit Musik unter dem wuchtigen Schindeldach der Markthalle, die seit ihrem Baujahr 1743 auf 14 steinernen Rundsäulen thront. Jeden Samstag bauen dort die Biohändler ihre Stände auf und verkaufen, was sie selbst gezogen oder hergestellt haben: Spinat und Bohnen, Eier und Vollkornbrot, Käse und Wurst. Wer nicht bio produziert, stellt seinen Stand an der „Circulade" auf. Dieser konzentrische Ring aus Häusern und fünf Tortürmen schützt – als Ersatz für eine Stadtmauer – das alte Herz der Stadt. Es besteht im Wesentlichen aus der Église Saint-Gervais. Ihre Wurzeln fußen in einer Kirche, die einem Grafenpaar im Traum erschienen war. 998 legten die Benediktiner Kirche und Kloster an, 1998 feierte Langogne sein 1000-jähriges Bestehen. Zwei Jahre später pressten die Schlachter des Ortes am 7. April 2000 neun Tonnen Schweinefleisch in einen Darm und stellten eine Mammut-Wurst her, die Gargantua begeistert hätte. 23.160 Meter lang war sie genau – Weltrekord! Kürzer und leichter, aber ebenso lecker, sind die Würste, die es auf dem Markt als Proviant für Wanderer gibt. Denn dank Gargantua ist Langogne angebunden an zwei Weitwanderwege. Der Chemin Stevenson folgt als GR70 den Spuren des liebeskranken Dichters und berührt dabei die Kleinstadt auf 915 Meter Höhe. Langogne ist ebenfalls eine

In der Circulade

Die Markthalle von Langogne

Etappe des alten Pilgerweges Voie Régordane. Als GR700 führt er heute von Puy-en-Velay nach Saint-Gilles.

INFO

Lage: Langogne liegt im Nordosten der Lozère am Oberlauf des Allier.

Anreise:

- mit dem Auto: Die N88 von Mende nach Le Puy-en-Velay führt mitten durch die Stadt.
- mit der Bahn: Langogne ist angeschlossen an das TER-Regionalnetz der Staatsbahn SNCF mit Verbindungen nach Clermont-Ferrand, Marjevols, Mende und Nîmes; *ter.sncf.com*

Unterkünfte/Restaurants:

- Domaine de Barres Hôtel & Spa: 27 Hektar groß ist der bewaldete Park, in dem der berühmte französische Architekt Jean-Michel Wilmotte ein Herrenhaus aus dem 18. Jahrhundert in eine luxuriöse Verwöhnoase verwandelte. Nicht opulent, sondern mit edlem Understatement in Holz, Stein und lichter Eleganz. Zu den 20 Zimmern im Haupthaus gesellen sich acht Gästehütten im Park. Das Hallenbad im Spa ist 30 Grad Celsius warm; hinzu kommen Sauna, Fitnessraum und Massageräume. Der 9-Loch-Golfplatz, Par 36, erstreckt sich über 2875 Meter und überblickt den See von Naussac. Thomas Garroux verwöhnt im Hotelrestaurant mit frischer Marktküche, die mit exotischen Aromen flirtet – bei der Gänsestopfleber mit bitterem Kakao ebenso beim Entenfilet aus der Pfanne mit Topinambur, Rüben und Steckrübe mit Zitronengras; Route de Mende, 48300 Langogne, Tel. +33 4 66 46 08 37, *domainedebarres.com*
- Hôtel Le Beau Séjour: Alle zehn Zimmer wurden 2019 modern-freundlich modernisiert. Die Brasserie serviert typisch französische Gerichte. Im Sommer lockt eine geschützte Dachterrasse; 22, Avenue du Maréchal Foch, 48300 Langogne, Tel. +33 466 69 01 18, *lebeausejour48.fr*

13. Les Falaises d'Orque: die Kinderstube des Steinadlers

Mit einer Höhe von 200 Metern bilden die Orque-Felsen nördlich der Massive Caroux und Espinouse die höchste Kalksteinwand im Parc Naturel Régional du Haut Languedoc. Es ist das Reich des Steinadlers, der hier am hohen Himmel seine Kreise zieht – und ein herrliches Wanderziel.

Von Saint-Gervais-sur-Mare windet sich die Départementstraße D922 hinauf zum Pass Col de la Croix de Mounis. Auf dem Weg dorthin berührt sie den Weiler Le Péras. Zwischen der Handvoll Häuser, die zur Gemeinde Castanet-le-Haut gehören, eröffnet sich von einem kleinen Parkplatz ein Paradeblick auf die Klippen von Orque.

Die Falaises d'Orque gehören zu einer geschützten ZNIEFF, einer Zone Naturelle d'Intérêt Écologique, Faunistique et Floristique. Auf 293 Hektar umfasst sie ein schützenswertes Biotop mit abwechslungsreicher Flora und Fauna und einer hohen Bedeutung für eine

Saint-Genies-de-Varensal

Die Falaises d'Orque

gesunde Natur und Umwelt. Bei den Falaises d'Orque im Norden des Hérault handelt sich um einen nach Süden exponierten Kalksteinfelsen mit einem bis zu 800 Meter hohen Plateau im Norden und stark erodierten Hängen gen Osten und Westen, die mehrere Höhlen bergen.

Die Felsen sind das Brutgebiet des Steinadlers. Um die Aufzucht seines Nachwuchses nicht zu stören, führt nur ein einziger Wanderweg durch dieses Gebiet. Wer in Péras ist, kann vom Parkplatz einer kleinen Straße folgen, die zur Mühle von Orque führt, und dann zum Fuß der Klippen hinaufsteigen, begleitet vom Tosen des Wildbachs und dem einen oder anderen Steinadler, der seinen Horst in Felsnischen, Spalten und Höhen hat. Größere Wanderungen und mehrstündige Rundwanderungen um die Felsen beginnen in Saint-Geniès-de-Varensal. Wichtigstes Utensil beim Wandern ist ein gutes Fernglas – nur die Augen reichen zum Beobachten der Steinadler und anderer Vögel nicht aus.

Steinadler

Die beste Jahreszeit zum Sichten von Steinadlern ist der Winter. Wenn auf den obersten Lagen des Haut-Languedoc der Schnee liegt, hocken die Steinadler auf ihren Ansitzen und putzen stundenlang ihr Gefieder. Jede Feder stellen sie dabei auf – denn der Winter ist ihre Balzzeit. Sind sie geputzt, starten sie zum Balzflug, schweben mit rund zwei Meter Flügelspannweite um ihren Horst und rufen dann und wann auch ihren Balzruf aus – zwar recht selten, aber doch eindringlich. Miiiääää! Miiiääää!

Alpenbraunelle

Während der eigentlichen Brutzeit von Februar bis Mai sollte man auf Wanderungen entlang der Felsen verzichten, um die 44-tägige Brutzeit nicht zu stören. Ist der Nachwuchs geschlüpft, verbleibt er als Nesthocker zunächst im Horst und lernt dort zunehmend eigenständig seine Nahrung zu zerlegen: Murmeltiere, Rabenvögel, Rehe sowie Ziegen, Schafe und selbst Steinböcke.

Neben Steinadler und dem bedrohten Habichtsadler leben noch viele weitere Vogelarten in den Felsen von Orques und den Bergregionen des Naturparks. Dazu gehören neben Wanderfalken und dem Uhu die Alpenbraunelle, der Mauersegler und die Blaumerle.

Kamillenblüten

Wicken und Bärenklau, Hundskamillen und Fettkräuter wachsen auf den Wiesen. Flora und Fauna sind so reich und ursprünglich wie sonst selten im Haut-Languedoc erhalten – auch, weil der Tourismus hier bislang kaum stattfindet und die Landwirtschaft von kleinen, meist familiengeführten Höfen dominiert ist, die im kleinen Rahmen Ackerbau betreiben oder Rinder oder Schafe züchten.

945 Arten haben die Forscher hier erfasst. 139 davon sind geschützt, 17 davon vom Aussterben bedroht. Dazu gehören neben dem Rotmilan auch der Mauerläufer, das Braunkehlchen und selbst die Provencegrasmücke.

INFO

Lage: Die Felsen befinden sich im Norden des Hérault nahe der Grenze zu den Départments Tarn und Aveyron im regionalen Naturpark Haut-Languedoc bei der Kommune Castanet-le-Haut. Maison du Parc naturel régional du Haut-Languedoc: 1 Place du Foirail - BP 9, 34220 Saint-Pons-de-Thomières

Aktivitäten:

- Welche Arten im Schutzgebiet vertreten sind, verraten das Stammblatt des ZNIEFF (*inpn.mnhn.fr/zone/znieff/910008302/tab/commentaires*) und die vom Naturpark herausgebene Übersicht für Vogelfreunde (*fr.calameo.com/read/000486397124336fe4113*).
- Weitwandertipp: Ganz in der Nähe der Felsen verläuft der Weitwanderweg Grande Randonnée 653, der Jakobsweg Via Tolosana, der vorbei an Castanet-le-Haut nach Santiago de Compostela führt.

Verpflegung: Saint-Geniès-de-Varensol ist ein kleines Dorf mit rund 200 Einwohnern. Im Foyer Rural gibt es einen Kaufmannsladen. Jeden Montag- und Donnerstagmorgen hält der Bäckerwagen der mobilen Boulangerie in Saint-Geniès, jeden Dienstagmorgen hält der Fischmann mit seinem mobilen Verkaufsstand im Dorf, jeden Donnerstag kommt Jean-Luc mit seinem Lebensmittellieferwagen vorbei und verkauft Gemüse, Fleisch, Aufschnitt und Käse.

Unterkunft:

- Einzige Unterkunft im Dorf ist sind die kommunalen Gîtes „Les Sagnes" mit Einzelzimmern, einem kleinen Ferienhaus für vier bis sechs Personen, einem mittelgroßen Ferienhaus für acht bis zehn Betten sowie eine Gruppenunterkunft mit 14 Schlafplätzen; Reservierung: 34610 Saint-Geniès-de-Varensal, Tel. +33 4 67 23 60 95, *mairie.stgeniesdevarensal@orange.fr*, *stgeniesdevarensal.wixsite.com/mairie/gites*

Website: *parc-haut-languedoc.fr*

14. Lavaur: in die Platte gesteckt

Die Hauptstadt des Pays de Cocagne ist eine gemütliche alte Stadt, die seit Jahrhunderten das schätzt, was Einheimische anbauen, herstellen und produzieren. Ihr Schaufenster ist der große Samstagsmarkt, der mit seinen Genüssen der Region ein wahres Schlaraffenland des Südwestens ist. In den Gassen ringsum haben Kreative ihre Boutiquen. So wie Solange van der Vegt, die ausgediente alte Schallplatten in ausgefallene modische Accessoires verwandelt.

Das Hobby ihres Mannes brachte Solange auf die Idee. Sébastien Guilbaud kauft seit vielen Jahren Schallplatten von privat, stöbert bei Flohmärkten und Garagenverkäufen am Sonntagmorgen nach den Musikträgern, reinigt sie, arbeitet sie auf, steckt sie in eine Plattenhülle und bringt sie wieder in den Umlauf. Sein Hobby wurde zum Beruf. Die Marktstände wichen – bedingt durch die Pandemie – einem Plattenladen mit Onlineverkauf im Herzen der Altstadt von Lavaur. Auch Solange stand mit auf den Märkten. Doch im Hauptberuf legte sie mit den „Battiseurs des Jardins" Gärten an

Eingezwängt zwischen Fachwerk: die Èglise Saint-François

Der Rundturm Tour des Rondes

und pflegte sie. Mit den Jahren, erzählt die 42-Jährige, sei dies körperlich immer schwieriger geworden. „Da habe ich überlegt, wie ich meinen Mann unterstützen – und dabei selbst kreativ werden kann."

Ihre Idee: aus den vielen zerkratzten Schallplatten, die ihr Mann nicht verkaufen konnte, etwas zu machen. 2019 nahm sie ihre erste handgefertigte Platten-Tasche mit auf den Markt. Die Reaktion war überwältigend. „Jeder sagte: ‚Das ist großartig, ihr solltet sie verkaufen!' ... Also habe ich mich darauf eingelassen."

Die Autodidaktin entwarf, nähte, stellte in ihrem Heimatdorf Saint-Paul-Cap-de-Joux Prototypen her und gründete ihre Firma „Disqu O Sacs" als „Micro-entreprise", als Kleinunternehmer, das befreit ist von der Mehrwertsteuer. Inzwischen umfasst ihr Sortiment sechs verschiedene Produkte aus alten Schallplatten – vom Portemonnaie über kleine Taschen aus Singles mit 45 Umdrehungen pro Minute bis zu den großen Modellen auf Basis von LPs mit 33 Umdrehungen pro Minute sowie rechteckigen Taschen im Stil von Männerhandtaschen.

Solange van der Vegt

Plattentaschen von Single- ...

.... und Langspielplatten

Zwei Stunden lang arbeitet sie per Hand an jeder Tasche. Da sie Farben liebt, kreiert sie die Taschen nach ihren eigenen Entwürfen abgestimmt auf den Titel und mit bunten Stoffen, die sie bei „Ma petite mercerie“ in Gaillac kauft. Immer häufiger erhält sie Aufträge von Plattenfans, die aus ihrer Lieblingsplatte eine ganz persönliche Platten-Tasche gefertigt bekommen möchte. Auch das macht Solange, so lange sie die gewünschte Scheibe vom Sammler erhält. Denn: „Ich kann mir ja nicht aussuchen, welche Platten wir zerkratzt finden!“ Die handgefertigten Plattentaschen von Solange van der Vegt kosten ab 35 Euro. Portemonnaies gibt es ab 15 Euro, Ohrringe zu ähnlichen Preisen.

Das unabhängige Plattenlädchen ist eine Fundgrube. Neben den Taschen gibt es dort mehr als 2500 alte und neue Schallplatten – Singles, LPs und Maxi-Singles. Heavy Metal und Hard Rock, Elektro, Punk, Rock und Pop, Jazz aus aller Welt und allen Grenres, französische Schlager und Chansons, Hits der 1980er- und 1990er-Jahre. Wohl jedes Genre ist in der Sammlung von Sébastien Guilbaud vertreten. Fehlt etwas, inspiriert dies nur den Jäger, der, wie er selbst sagt, inzwischen süchtig ist nach den klingenden Scheiben von einst. Damit liegt Sébastien voll im Trend. Auch in Frankreich ist Vinyl wieder sehr gefragt. Solange freut sich, dass so der Nachschub an Rohmaterial für ihre Taschen nicht ausgeht. Denn neben den Märkten und dem Shop in der Stadt gibt es auch einen Onlineshop, wo sie ihre Kreationen vorstellt – und auch EU-weit versendet.

INFO

Lage: Lavaur liegt im Département Tarn auf halber Strecke zwischen Toulouse und Castres und erstreckt sich am westlichen Ufer des Agout. Das ungewöhnliche Platten-Taschen-Lädchen Disqu O Sacs versteckt sich in der Altstadt und hat seit 2022 auch einen Online-Shop: 29, Rue de la Mairie, 81500 Lavaur, Tel. +33 6 41 12 58 45, *facebook.com/disquosacs, disquosacs.fr*. Addict O Vinyles, Tel. +33 6 28 35 21 87, *facebook.com/addictovinyles, disquosacs.fr*

Anreise:

- mit dem Auto: Lavaur liegt an der D112 Toulouse–Castres; die D630 verbindet Lavaur mit Saint-Sulpice-la-Pointe am Tarn.
- mit der Bahn: In Lavaur halten die TER-Regionalzüge der SNCF; *ter.sncf.com*

Restaurants:

- L'Œuf de Coq:Frische Saisonküche mit Bio-Gemüse, Fleisch und Fisch der Region und Weinen unabhängiger Winzer; 1, Rue Pasteur, 81500 Lavaur, Tel. +33 563 34 66 58, *facebook.com/loeufdecoq*
- La Fabrique „Chez Fernande“: Dort futtern die Einheimischen vor Ort – oder versorgen sich mit Pizza, Burger und Wein für daheim; 3, Avenue du Pont Saint-Roch, 81500 Lavaur, Tel. +33 5 63 58 53 80, *facebook.com/lafabriquechezfernande*

Unterkunft:

- Le Pastelier: sechs kleine, komfortable Zimmer mit Bad/WC im Herzen der alten Stadt, dazu eine frische lokale Küche im Restaurant; 7, Rue Alsace Lorraine, 81500 Lavaur, Tel. +33 5 63 58 04 16, *lespasteliers.com*

15. Saint-Antonin-Noble-Val: Wanderung zum Roc d'Anglars und dem Causse d'Anglars

Kalk und Kreide, zackig zerklüftet und 30 bis 80 Meter hoch: So hat der Aveyron, der zwischen Bruniquel und Saint-Antonin-Noble-Val mit den Gorges d'Aveyron spektakuläre Schluchten geschaffen hat, den Roc d'Anglars als imposante Kulisse an sein westliches Ufer gesetzt. Unbezwingbar steil. Es sei denn, man folgt dem Wanderweg PR9 – und entdeckt dann auf dem Sentier du Finot das Hochplateau hinter der Klippe.

Feldstein prägt Saint-Antonin-Noble-Val

Die 15 Kilometer lange Tour, für die man sich einen Tag Zeit lassen sollte, beginnt bei den kostenlosen Parkplätzen an der Brücke der D19 über den Aveyron. Durch alten Eichenwald geht es auf dem gelb markierten PR9-Wanderweg im schattigen Wald über feste Erde, Wurzeln und Kies, der bei feuchtem Wetter recht rutschig ist, hinauf zur Steilkante. Dort nutzen Drachen- und Gleitschirmflieger die gute Thermik und heben in 340 Meter Höhe über dem Meeresspiegel vom Startplatz „La Bicyclette" zu aussichtsreichen Flügen über die Schlucht ab, ehe sie auf 130 Meter Höhe auf dem Landeplatz „Marsac" niedergehen.

Neben ihrer Startrampe, einem kleinen Betonquadrat, sind Stahlhaken im Fels verankert. 170 Kletterstrecken in den Schwierigkeitsgraden 5b bis 8a, darunter auch eine Via Ferrata. Wer dort klettern möchte, verpflichtet sich, die „Chartes de bonnes Practices" einzuhalten, die die lokalen Kletterclubs, der nationale Kletterverband FFME und die Départements Tarn und Tarn-et-Gaonne mit der Ligue pour la Protection des Oiseaux du Tarn 2012 geschlossen haben. Vom 15. Januar bis 15. März ist das Klettern dort tabu. Denn dann nisten dort zahlreiche Vogelarten, von denen einige gefährdet oder sogar vom Aussterben sind. Zu ihnen gehörten auch der Wanderfalke und die Waldohreule, die einst nahezu verschwunden waren in den Schluchten. Heute ist ihr Bestand auf niedrigem Niveau gesichert.

Ebenfalls in den Felsen heimisch sind Mauersegler mit weißem Bauch, der Kolkrabe, die Turmdohle, die Felsenschwalbe, der Hausrotschwanz , die Alpenbraunelle sowie Feld- und Steinsperlinge.

Nicht nur die Vogelwelt ist erstaunlich. Im Frühjahr blühen dort, wo es feucht genug ist, unzählige Orchideen, darunter Knabenkraut in vielen Arten, Schnepfen-Ragwurz und Pyramiden-Hundswurz. Jenseits der Klippen haben Buchsbaum und allerlei stacheliger Strauch den Kalk erobert, ehe dieser Streifen einem Stangenwald aus schlanken Eichen Platz macht, die über und über mit grünem Moos und hellgrauen Flechten überzogen sind. Bis an das Tal der Vère erstreckt sich so, immer wieder von Freiflächen, Koppeln und Wiesen durchzogen, die Forêt de Grésigne auf dem Hochplateau Causse d'Anglars. Die dortige Landschaft erschließt der Sentier du Lou Finot. Er lässt sich gut mit dem Aufstieg zum Plateau ver-

Die Zufahrt zum Roc d'Anglars

Schwindelerregend: der Kletterfels des Roc d'Anglars

binden. Die kombinierte Tour ergibt eine sehr abwechslungsreiche Tagestour von 15 Kilometer Länge, die mit einem Anstieg beginnt, aber dann nahezu ebenerdig verläuft – und mit einem entspannten Abstieg zurück nach Saint-Antonin-Noble-Val endet. Der Auf- und Abstieg zum Roc d'Anglars ist acht Kilometer lang, die Lou-Finot-Runde allein knapp sieben Kilometer. Wer nur die Lou-Finot-Runde wandern will, stellt sein Fahrzeug am kleinen markierten Parkplatz an der D19 ab. Und verpasst dann die grandiosen Ausblicke vom Roc d'Anglars über die Schluchten des Aveyron und hinab auf das kleine Städtchen Saint-Antonin-Noble Val, das sich auf dem geführten Chemin du Patrimoine entdecken lässt.

INFO

Lage: Der Roc d'Anglars ist Teil der westlichen Klippen, die der Aveyron bei Saint-Antonin-Noble-Val im Département Tarn-e-Garonne in den Kalk gefräst hat; 82140 Saint-Antonin-Noble-Val

Anreise: Wer nicht ab Saint-Antoninin-Noble-Val loswandert, fährt im eigenen Fahrzeug auf der D19 den Steilhang hinaus zum „Causse". Dort, wo die Kante des Hochplateaus erreicht ist, zweigt rechter Hand eine kleine, asphaltierte Straße ohne Nummerierung ab. Sie folgt der Steilstufe und erreicht nach 1,5 Kilometern den sandigen Parkplatz am Roc d'Anglars. Der Wanderparkplatz für den Lou Finot liegt an der D19.

Restaurants:

- Bar-Restaurant Le Gaspacho: Die Einheimischen schätzen das einfache Restaurant für seine guten Fleischsorten; 25 Avenue du Dr Paul Benet, 82140 Saint-Antonin-Noble-Val, Tel. +33 5 63 30 63 85, *le-gazpacho.poi.place*
- Guinguette de la Plage: der Sommertreff mit kleinem Strand am frischen Fluss, Livemusik und kühlem Bier; Chemin de la Plage, 82140 Saint-Antonin-Noble-Val, Tel. +33 5 63 30 64 32, *facebook.com/RestaurantGuinguetteConcertsSaintAntonin*
- Café de la Halle: Der beste Platz, um in die Atmosphäre der kleinen Stadt einzutauchen; 9, Place de la Halle, 82140 Saint-Antonin-Noble-Val, Tel. +33 9 65 36 82 50

Unterkünfte:

- Auberge Lion d'Or: In diesem alten Gasthaus aus dem 17. Jahrhundert, das man – wie die Fassade verrät – nur zu Fuß oder hoch zu Pferde betrat, bleibt heute die Küche kalt. Stattdessen locken fünf gemütliche Gästezimmer im Herzen der Altstadt. Und ein stiller, kleiner Garten mit Blick auf den Roc d'Anglars; 8, Rue Basse des Carmes, 82140 Saint-Antonin-Noble-Val, Tel. +33 5 63 68 18 90, *facebook.com/aubergeliondor*
- Le Cheval Blanc: In einer wunderschön restaurierten Auberge aus dem 16. Jahrhundert haben Nathalie und Peter ein gemütlich-edles Bed & Breakfast mit drei Zimmern und Super-King-Betten eingerichtet. Aus der Küche kommen zum Frühstück und Drei-Gänge-Menü am Abend nur vegetarische und vegane Gerichte. Eine vegane Koch-Schule verrät Kniffs und Tipps beim Kochen ohne Fleisch; 3, Rue Droite, 82140 Saint-Antonin-Noble-Val, Tel. +33 5 63 02 23 88, *lechevalblanc.net*

16. BASSIN DE SAINT-FERRÉOL: DIE QUELLE DES CANAL DU MIDI

Er ist die Sehnsuchtsstrecke des Südwestens: der Canal du Midi. Auf 240 Kilometern verbindet er Toulouse mit dem Mittelmeer – ein technisches Wunderwerk, Traumtour der Hausbootskipper. Seine Platanen gesäumten Treidelpfade begeistern Fernradler, seine Schleusen spazieren gehende Zuschauer. Doch: Wie erhält der Kanal eigentlich sein Wasser? Dafür sorgt ein Bau, der 200 Jahre lang Weltrekord war – und sich hinter hohen Kiefern in der Montagne Noire versteckt: das Bassin Saint-Ferréol.

Seit der Antike hatten Könige und Kaufleute von einer Verbindung zwischen den beiden Meeren Europas geträumt. Doch erst Mitte des 17. Jahrhunderts fand ein Baron aus Béziers die Lösung für diese Vision. Pierre Paul Riquets Entwurf einer Verbindungsstrecke zwischen Atlantik und Mittelmeer machten es erstmals möglich, dass Schiffe nicht mehr den gefährlichen, langwierigen und kostspieligen Umweg über die Meerenge von Gibraltar machen mussten. 1666 unterschrieb Ludwig XIV. das königliche Edikt zum Bau der damals „Canal Royal" genannten Schifffahrtsstraße. Die

Die Staumauer des Bassin Saint-Ferréol

Frage, wie der Kanal, der auf seinem Weg 194 Höhenmeter überwindet, ständig mit Wasser versorgt werden könne, meisterte Riquet mit einem Geniestreich: Er ließ am höchsten Punkt der Strecke ein riesiges Staubecken anlegen, in dem das Wasser der Montagne Noire gesammelt werden konnte. Von dort aus sorgt ein genau berechnetes System aus unterirdischen Wasserrinnen und Zuflüssen bis heute dafür, dass der Canal du Midi das ganze Jahr hindurch schiffbar ist.

Die Fontaine der Jardins du Canal du Midi

Als das Bassin de Saint-Ferréol 1667 eingeweiht wurde, staunte die Welt. Das Rückhaltebecken, das bis zu 6,3 Millionen Kubikmeter Wasser speichern kann, war damals der größte künstliche See der Welt. 67 Hektar groß bedeckt er heute das Land auf der Grenze der Départements Haute-Garonne, Tarn und Aude. Sein Hauptdamm war mehr als 200 Jahre lang der größte der Welt. Drei Mauern halten das Wasser des Laudot und die Niederschläge der Berge. 29,25 Meter hoch und 3,90 Meter dick ist die erste, stromaufwärts gelegene Mauer. Stolze zehn Meter dick ist die zweite, 35 Meter hohe und 871 Meter lange Mauer. Sie ist das eigentliche Bollwerk. Die dritte und letzte Mauer stromabwärts gleicht in ihrer Größe fast der ersten Mauer und ist 29,25 Meter hoch und 2,80 Meter dick. Für alle Mauern wurde harter Granit maßgenau geschnitten. Zwischen den Mauern liegt ein 60 Meter breiter Zwischenraum, der mit Gesteinsschutt und Lehm gefüllt ist, um bei einem etwaigen Dammbruch die Kraft des Wassers zu bremsen. Vier unterirdische Gänge gewähren Zugang zu den Schleusentoren und Wasserauslassventilen. Südlich des Stausees wurde ein Graben anlegt, um so überschüssiges Wasser in den Laudot ableiten zu können.

Doch nur der Laudot konnte selbst den Stausee nicht füllen. Daher ersann Riquet auch La Rigole de la Montagne, die Vauban 1686 fertigstellte. Dieser 28 Kilometer lange Kanal fängt die Wasser der Montagne Noire auf und leitet sie in den Laudot. Jener fließt in das Becken von Saint-Ferréol, welches wiederum die Rigole de la Plaine speist. Dieser kleine Kanal mündet am Seuil de Naurouze, dem höchsten Punkt des Canal du Midi, in den Kanal und befüllt ihn.

Die Rigole de la Plaine

Die faszinierende Geschichte des Canal und seines Stausees dokumentiert Le Reservoir im einstigen Haus des Kanal-Ingenieurs. Nach der 800 Quadratmeter großen Dauerausstellung mit Modellen und Maschinen, Plänen und anderen Exponaten geht es hinab in die Galerie des Robinets, den Wasserleitungsstollen mit all den unter dem Damm liegenden Systemen zur Regelung des Wasserflusses. Neben dem Reservoir erstrecken sich die Jardins du Canal du Midi. Dort schießt eine Fontäne, die aus dem See gespeist wird, 30 Meter hoch in den Himmel. Spazier- und Wanderwege verführen, die Magie des Ortes noch ausgiebiger zu entdecken.

INFO

Lage: Das Bassin des Saint-Ferréol liegt fünf Kilometer südöstlich der Bastide Revel auf 350 Meter über dem Meer in der Montagne Noire. Le Réservoir: Boulevard Riquet, Saint-Ferréol, 31250 Revel, Tel. +33 5 61 80 57 57

Anreise:

- mit dem Auto: Auf der Autobahn A61 bis Castelnaudary, über die D6113, D624, D334 und D79J zum Lac de Saint-Ferréol; 25 Kilometer
- mit der Bahn: Die nächstgelegenen Bahnhöfe befinden sich in Castres (20 Kilometer) und Castelnaudary (25 Kilometer).

- mit dem Bus: Von Toulouse fährt die Buslinie 357 via Revel nach Vaudreuille (Saint Ferréol), *lereservoir-canaldumidi.fr/wp-content/uploads/2021/04/Bus-ligne-357.pdf*

Öffnungszeiten: April, Mai, Oktober bis Dezember Dienstag bis Sonntag 14 bis 17 Uhr, Juni, September 14 bis 18 Uhr, Juli, August täglich 10:30 bis 18:30 Uhr

Restaurant:

- Le 20: schmackhafte Küche, ausgesuchte Bio- und Naturweine, modern-gemütliches Interieur mit viel Holz und schönen Farben, unverstellte Aussichten auf den See und freundliche wie kompetente Mitarbeiter: Das Bistro ist die legere Genussadresse am Stausee; 20, Avenue Paul Riquet, 31250 Revel, Tel. +33 5 62 18 93 37, *facebook.com/le20revel*

Unterkünfte: Wer nicht auf den Campingplätzen am See urlaubt, findet direkt am See diese Hotels:

- Hôtel La Renaissance: Das gutbürgerliche Haus mit 17 geräumigen, schlichten Zimmern, kleinem Pool und Restaurantterrasse ist das einzige Hotel in nächster Nähe zum Besucherzentrum „Le Reservoir" am Westende des Stausees mit seiner Staustufe; 1, Chemin des Dauzats, 31250 Revel, Tel. +33 5 61 83 51 50, *hotellarenaissance.fr*
- Hôtel Hermitage: Dort, wo im Osten der Laudat in den Stausee einfließt, erhebt sich das ebenfalls gediegene, ruhig und grün gelegene Hotel; 6, Boulevard de Ceinture, 31250 Saint Ferréol Lac – Revel, Tel. +33 5 34 66 64 00, *hotel.hermitage.free.fr/SiteHermitage*
- Hôtellerie du Lac: Nostalgie, Charme, Komfort und Lebensart verbindet dieses Zweisternehaus mit 23 Zimmern und vier Familienzimmern, das gerne für Firmenevents oder Familienfeiern gebucht wird; 22, Avenue Pierre-Paul Riquet, 31250 Revel, Tel. +33 5 62 18 70 80, *hotel-restaurant-saint-ferreol.com*

Website: *lereservoir-canaldumidi.fr*

Im breiten Tal der Garonne und ihrer Nebenflüsse

Die Garonne bei Auvillar

Im breiten Tal der Garonne und ihrer Nebenflüsse

17. Giroussens: das Dorf der Töpfer
18. Les Croustades d'Isabelle: süß oder salzig?
19. Château de Magrin: das Pastell-Schloss
20. Château de Millet: der Armagnac-Keller
21. Domaine de Vivarié: stylish schlummern im Gutshof
22. Saint-Gervais-sur-Mare: steinreiches Pilgerdorf
23. Pouzolles: die „Circulade" am Thongue
24. Forêt de Bouconne: die Vision im Wald
25. Azille: die kleine „Bourg" mit dem großen Boulevard
26. Saint-Rome: die Utopie des Grafen
27. Château de Penne: Wiederaufbau zum Zuschauen

Soyaux
Angoulême
Saint-Yrieix-la-Perche
Ussel
Cournon-d'Auvergne
Issoire
P.N.R. des Volcans d'Auvergne
A20
Tulle
Périgueux
Boulazac
Brive-la-Gaillarde
AUVERGNE-RHONE-ALPES
Saint-Flour
NEU-AQUITANIEN
Sarlat-la-Canéda
Bergerac
Aurillac
Saint-Chély-d'Apcher
Figeac
Marvejols
Marmande
Cahors
Villefranche-de-Rouergue
Rodez
Onet-le-Château
A75
Tonneins
Villeneuve-sur-Lot
Agen
17
27
Moissac
Millau
A62
Montauban
20
Condom
Saint-Affrique
Gaillac
Albi
OKZITANIEN
24
19
21
22
18
Auch
Colomiers
Toulouse
Castres
23
26
Muret
Mazamet
25
Castelnaudary
Béziers
Carcassonne
Tarbes
Saint-Gaudens
A64
A9
Agde
Pamiers
Lézignan-Corbières
Narbonne
Lourdes
Limoux
Saint-Girons
Foix
Lavelanet
Nationalpark Pyrenäen
Canet-en-Roussillon
Vielha
Perpignan
Prades
Andorra
Saint-Cyprien
D'urgell
ARAGON
Roses
N-230
KATALONIEN
Olot
Figueres
Barbastro
Salt
Girona
Monzón
Balaguer

17. GIROUSSENS: DAS DORF DER TÖPFER

Giroussens ist Frankreichs Dorf der Töpfer. Die alte Bastide im Département Tarn, die sich und 40 Kilometer nordöstlich von Toulouse auf einem Steilhang hoch über dem Agout erhebt, lockt alljährlich am ersten Juniwochenende Töpfer aus ganz Europa an. Seit 1991 stellen sie beim Marché de Giroussens unter freiem Himmel ihre Arbeiten aus. Mit dabei sind mehr als 70 Werkstätten und Ateliers sowie Keramiker, die ganz allein für sich an der Drehscheibe arbeiten oder mit Aufbaukeramik kühne Kunst kreieren.

Das Centre de Céramique

Giroussens ist ein altes Töpferdorf und hält die Tradition bis heute lebendig. Seit dem 14. Jahrhundert ist das Töpferhandwerk dort belegt. Damals waren dort große Tonvorkommen entdeckt worden. Zwischen 1530 und 1840 war Giroussens die Töpferhochburg des Südwestens. 50 bis 70 Töpfer waren dort im 17. und 18. Jahrhundert durchschnittlich tätig. Gebrauchsgüter wie Teller, Tassen, Schüsseln und Vasen wurden dort hergestellt.

Das anfangs recht einfache, rustikale kulinarische Steingut, das einfach mit Blei glasiert wurde, wurde zur Zeit Ludwigs XIV. immer

Das Centre Céramique stellt Töpfer- und Keramikkunst nicht nur aus, sondern unterrichtet sie auch in Kursen.

raffinierter. Das Barock liebte prächtige Geschirr mit kunstvoll bemalten Tellern und großen Schüsseln. Typisch für Keramik aus Giroussens wurden die Farben Gelb, Grün und mitunter Blau sowie die Bleiglasur zur Innenseite. Jene war einmalig im Midi und wurde zum Markenzeiten der Töpfereiwaren von Giroussens.

Als spannendes Schaufenster der Töpferei in Vergangenheit und Zukunft hält das Centre de Céramique de Giroussens die Tradition lebendig – und lädt als Kulturzentrum und Kunstgalerie in einem zum Mitmachen ein. Auf 4500 Quadratmetern birgt es neben einer Ausstellungsfläche für aktuelle Kreation eine Bibliothek und eine Sammlung historischer Töpferwaren. Nicht nur Vasen, Teller, Tassen, Figuren und freie Kunst sind dort zu sehen, sondern auch Schmuck – mal kantig und geometrisch, dann wieder unglaublich filigran und zerbrechlich. Die Vielseitigkeit dieses Naturmaterials lässt staunen. Was lässt sich aus Ton nicht so alles gestalten – und wie unterschiedlich wirkt das Material dank der verschiedenen Oberflächen und Glasuren! Workshops und Kurse vermitteln den den Umgang mit Ton und die verschiedenen Techniken der Keramikherstellung.

Ein ehemaliges Kloster aus dem 17. Jahrhundert birgt seit 1982 das Kunsthandwerkszentrum Les Ateliers du Couvent. Seit 2003 hat dort auch Sébastien Barrere sein Atelier. Er verbindet traditionelle Töpferei mit modernen Themen, Techniken und Materialien. Sein Markenzeichen sind seine außergewöhnlichen Glasuren. Als Vorbild seiner Arbeiten dienen die organischen Formen und erdigen Farben der Natur. Jung und talentiert ist Chloé Courbet, die dort ebenfalls ihr Atelier hat. Dritte im Bunde ist die junge Töpferin Aster Cassel, die zu den bekanntesten Jungtalenten der Keramiker-Szene in Frankreich gehört.

Töpferwaren sind überall zu sehen.

Auf dem Marché Européen de Céramique Contemporaine, dem großen Töpfermarkt in den Straßen von Giroussens lassen sich die Arbeiten der Keramik-Künstler entdecken. Mit dabei sind auch bekannte Namen aus anderen Ecken Okzitaniens wie Maya Talavera aus Marciac im Gers und Claude Bouviala aus dem Département Avveyron. Maya arbeitet ohne Drehscheibe, nur mit den Händen. Bewusst verwischt sie nicht die Spuren, die ihre Werkzeuge im Ton hinterlassen. Für ihre Unikate kombiniert sie groben Ton mit feinster Spitze, bunten Fäden oder anderen Materialien – gerade so, wie sie von ihnen inspiriert wird. Groß geplant oder vorab entworfen wird nichts, ihr Schmuck entwickelt sich bei der Arbeit. Auch Emaille, Porzellan, Steinzeug und Schamott wandeln sich unter ihren Händen zu einzigartigem Schmuck. Typisch für den Schmuck – und die Skulpturen – von Claude Bouvila sind Silber, Kupfer und Leder, die sich mit dem Töpferton paaren. Vorbilder für seine Arbeiten sind, sagt er, die Natur – und die Ethnien dieser Welt. In Albi, Welterbe am Tarn, verfolgt Lore Camillo von Clair de Terre andere Visionen. Unter der Dachmarke Les Poteries d'Albi hat sie den Handwerksbetrieb ihrer Eltern mit ihrem Töpferstudio verschmolzen – die Töpfereien für den Garten, die der Familienbetrieb seit Jahrzehnten verkauft, tragen jetzt deutlich eine künstlerische Handschrift.

Auch Arbeiten des Nachwuchses werden mit Stolz ausgestellt.

INFO

Lage: Giroussens liegt auf dem Prallhang des Agout im Département Tarn, rund 40 Kilometer nordöstlich von Toulouse.

Anreise:

- mit dem Auto: Ab Toulouse auf der D888 knapp 39 Kilometer bis Giroussens
- mit der Bahn: Ab Toulouse-Matabiau per TER-Lokaluzug der SNCF bis Saint-Sulpice-la-Pointe, ab da weiter per Taxi (neun Kilometer)

Aktivitäten:

- Centre Céramique: Töpferkunst und Keramik in all ihren Facetten; 7, Place Lucie Bouniol, 81500 Giroussens, Tel. +33 5 63 41 68 22, *centre-ceramique-giroussens.com*

Restaurant:

- L'Echaugette : Das Restaurant direkt neben dem Panorama – natürlich auch mit grandiosem Blick auf den Fluss! Sein Patron Nicolas Galibert kocht im Rhythmus der Jahreszeiten frische Marktküche; 2, Place de la Mairie, 81500 Giroussens, Tel. +33 5 67 67 45 84, *echauguette.fr*

Unterkunft:

- B&B du Couvent : In einem kleinen Kloster aus dem 19. Jahrhundert, in dem Sébastien Barrere seine Töpferei betreibt, bieten zwei Gästezimmer Nostalgie mit dem Komfort von heute; 2, Rue Maubec, 81500 Giroussens, Tel. mobil +33 670 8 3 38 45, *chambresducouvent.fr*

18. LES CROUSTADES D'ISABELLE: SÜSS ODER SALZIG?

Nur wenige Kilometer südlich von Marciac, dem Pilgerziel von Jazzfreunden weltweit im Sommer, hat Isabelle Ducourneau auf dem Hof ihres Mannes in der Küche ihre Farmbäckerei eingerichtet. Dort duftet es verführerisch: Die Bäuerin aus dem Gers ist Meisterbäckerin von knusprigen Croustades mit köstlichem Innenleben.

Vorsichtig zieht Isabelle Ducourneau den Teig aus für die Croustade.

Mehl, Ei, etwas Wasser und ein Bettuch – mehr braucht Isabelle Ducourneau für den Anfang nicht. Bereits als junges Mädchen hat Isabelle, 1964 im Gers geboren, von ihrer Großmutter die handwerkliche Zubereitung des dortigen Traditionskuchens gelernt und seitdem immer weiter verfeinert.

Mit flinken Händen mischt sie die Zutaten zusammen und schiebt die Rührschüssel beiseite, um den Teig über Nacht ruhen zu lassen. Durch die Fenster ihrer kleinen Backstube auf dem Hof-

Köstlich: Croustade mit Pflaumen

gelände blickt sie auf die schneefunkelnden Spitzen der Pyrenäen. Auf den großen Mehlsäcken reitet als schwarzer Schablonenschnitt ein Mann mit Hut und Degen – d'Artagnan, der berühmteste der vier Musketiere aus dem Gers.

Dann wirft sie ein großes Bettlaken über den Küchentisch, bestäubt es mit Mehl und holt eine Plastikschüssel hervor. Drinnen ruht ein Teig, der bereits eine Nacht hinter sich hat. Mit beiden Händen drückt sie den Teigkloß platt und zieht ihn auseinander, weiter und immer weiter, bis er scheinbar reißen will. Doch Isabelle zieht vorsichtig weiter, bis er die gesamte Fläche des Betttuchs auf dem Küchentisch bedeckt. „Fein wie Seide ist jetzt der Teig!" sagt sie stolz und sprenkelt Armagnac auf den hauchdünnen Teig. Das Lebenswasser ist selbst gebrannt. Hausgemacht wie die Croustade vom Hof.

Jetzt faltet Isabelle den Teig an beiden Längsseiten nach innen. Das Betttuch hilft ihr dabei. Dann nimmt sie eine runde Kuchenform in die Hand und schneidet aus dem Rechteck passgenau mehrere Kreise. Sie gibt ein wenig Öl in die Form und legt die erste Teiglage hinein. Etwas Öl und Zucker darauf verteilt, dann folgt die nächste Teiglage. Und wieder: Öl und Zucker und wieder eine Teiglage, bis sie bei der vierten Teiglage angekommen ist. Dann greift sie in eine zweite Schüssel und holt die Apfelspalten hervor, die sich eine Nacht lang mit

Der Klassiker: Croustade mit Äpfeln

Armagnac vollsaugen durften, und verteilt sie so, dass sie sauber nebeneinander liegen und schließlich die ganze Form ausfüllen.

Anschließend legt sie ein bis drei weitere Lagen, jeweils immer wieder gebuttert und gezuckert, auf die Äpfel. Zum Abschluss bestreicht sie die oberste Lage mit Eigelb. So wird die Croustade goldgelb. Eine halbe Stunde bei 200 Grad Celsius im Ofen, und heraus kommt ein Traditionskuchen, der am besten lauwarm mundet. Er hat der Bäuerin schon viele Preise eingebracht. Seit einem Treffen mit dem Pariser Sternekoch Jacques Faussat, dessen Wurzeln ebenfalls im Gers liegen, hat Isabelle den Mut gefunden hat, ihre Croustade nicht nur daheim zu backen und zu verkaufen, sondern auch in Kursen die Kunst der richtigen Zubereitung zu vermitteln. Längst hat Isabelle als Gewinnerin des „Talent en Héritage"-Wettbewerbs 2015 Lust auf Experimente bekommen. Und so befüllt sie die Croustade nicht mehr nur mit Äpfeln, sondern auch mit Pflaumen, Birnen oder ganz herzhaft mit Feigen und Camembert. „Miam", würden die Franzosen sagen.

INFO

Lage: Les Croustades d'Isabelle: Isabelle Ducourneau, Lieu-dit Le Cun, 32230 Courties, Tel. +33 562 70 81 65

Anreise: Etwas außerhalb von Courties zweigt eine Stichstraße von der D946 zum Hof ab.

Unterkunft/Restaurant:

- Logis Hôtel le Relais du Bastidou: Zwischen Marciac und Plaisance-du-Gers liegt in einem von Feldern und Wäldern umgebenen Tal dieser Landgasthof mit acht Zimmern, Schwimmbad, Spa und Jacuzzi. Im hauseigenen Slowfood-Restaurant garantiert das Qualitätslabel „Table du Gers" eine authentische Küche mit lokalen Erzeugnissen, die überwiegend aus biologischem Anbau und nachhaltiger, artgerechter Zucht stammen; Lieu-dit Barbat, Quartier Cayron, 32160 Beaumarchés, Tel. +33 5 62 69 19 94, *logishotels.com/fr/hotel/logis-hotel-le-relais-du-bastidou-5190?partid=661*

19. Château de Magrin: das Pastell-Schloss

Das denkmalgeschützte Château de Magrin beherbergt das einzige Pastellmuseum Frankreichs. Der Name stammt von einer gelben Pflanze, die in der Renaissance ganz Europa blaue Blätter bescherte: dem Färberwaid. Der massive Export des Pastellblaus bedeutete für das Dreieck zwischen Toulouse, Albi und Revel einen enormen wirtschaftlichen Aufschwung – und machte das Lauragais zum Pays de Cocagne, zum Schlaraffenland.

Der einstige Stammsitz eines Pastellhändlers aus dem Tarn thront auf einem 330 Meter hohen Hügel hoch über den Sonnenblumen- und Kornfeldern des Lauragais. Aus der Ferne wirkt die Höhenburg, in der Heinrich IV. 1585 Zuflucht fand, auf den ersten Blick wie eine Ruine. Wer näher kommt, sieht, dass nur ihre Mauern lückenhaft sind und der Bergfried (Donjon) eine Ruine ist. Das restliche Schloss ist zur einen Seite ein privates Domizil. Die andere Seite nimmt auf

Das Château de Magrin

400 Quadratmetern das Schlossmuseum mit seiner Sammlung ein. Seine Schätze sind zwei äußerst seltene Kuriositäten: ein authentischer Cocagne-Trockner und eine originalgetreue Pastellmühle.

Färberwaid (Pastell)

Blau war die edelste Farbe des Mittelalters. Nur Könige, reiche Adelige und der hohe Klerus konnte sich sie leisten. Denn bis zur Entdeckung des Indigos im Jahr 1560 gab es nur ein einziges Verfahren – und eine einzige Pflanze – um den Rohstoff zum Färben zu erhalten. Ihn lieferte ein zweijähriger Kreuzblüter, der bis zu einem Meter hoch auf den Feldern des Pays de Cocagne gelb blühte: Isatis tinctoria, zu Deutsch Färberwaid oder Pastell. War die Pflanze ein Jahr alt, stießen die Pastellbauern einst mit dem Waid-eisen die langen, dicken Blätter ab. Nur sie enthalten das farblose Glycosid Indikan, das sich beim stundenlangen Färben ins Blau verwandelt. Waidmühlen zermalmten die Blätter. Die letzte erhaltene Pastellmühle im Pays de Cocagne besteht aus einem riesigen, zwei Tonnen schweren Granitrad, um die Schlaraffen des Pastells zu malen. Dank einer ausgeklügelten Mechanik genügte ein Zugtier – zum Beispiel ein Rind – um die Mühle in Bewegung bringen.

Nach dem Mahlen wurde das Färberwaid zu Kugeln, den „Schlaraffen" oder Cocagnes, geformt. Bis zu 100.000 Pastell-Schlaraffen konnte der letzte erhaltene Cocagne-Trockner fassen, der im zweiten Stock des Museums erhalten ist und vom Ende der Pastell-Ära stammt. Von seinen einst acht Trockengittern sind noch vier Gitter erhalten. Der Trockenboden ist in Längsrichtung mit Lamellen-Luftklappen ausgestattet, die eine optimale Trocknung gewährleisten. Erst in den letzten Jahren wurde das Holz mit Pastellfarbe gestrichen. Sie wird heute wieder in Lectoure im Gers hergestellt.

Der Haupt-Ausstellungssaal befindet sich in der ersten Etage und zeigt in seinen Vitrinen neben Manuskripten und Werkzeugen auch Stoffe, die mit Pastell gefärbt wurden. Und, zum Vergleich, auch Stoffe, die nach der Erfindung des Indigo blau gefärbt wurden. Der vierte Saal des Schlossmuseums ist thematisch nicht dem Pastell gewidmet, sondern entführt in jene Zeiten, als der Südwesten vom 5. bis 8. Jahrhundert das Reich der Westgoten bildete.

Am Schloss beginnt der Sentier du Pastel. Diese acht Kilometer lange Rundwanderung folgt einer römischen Straße. 2,5 Stunden lang präsentiert sie, vorbei an mittelalterlichen Ruinen, die Landschaften des Tarns. Deutlich länger ist die Route du Pastel. Die insgesamt rund 200 Kilometer lange Themenroute führt zu rund zwei Dutzend

Das Château de Magrin liegt auf einem sanften Hügel.

Stätten, die die Geschichte der Pastellherstellung mitgeprägt haben. Dazu gehören neben den Hochburgen Albi und Toulouse auch die Schlösser von Loubens und Montgeard in Haute-Garonne, Caudeval in der Aude oder die Bastide von Mazères in Ariège.

INFO

Lage: Zwischen Toulouse und Castres im Herzen des Lauragais. Château-Musée du Pastel de Magrin, 81220 Magrin, Tel. +33 5 63 70 63 82

Anreise:

- mit dem Auto: Von der Nationalstraße N126 Toulouse-Castres de Ausfahrt Puylaurens nehmen, dann kurz der 926 nach Osten folgen, danach gen Norden auf die D12 abbiegen und bis Magrin folgen.
- mit der Bahn: Die nächstgelegenen Bahnhöfe befinden sich in Lavaur (14 Kilometer) und Castres (25 Kilometer).

Aktivitäten:

- Wanderung auf dem Chemin du Pastel: *cirkwi.com/fr/circuit/95966-chemin-du-pastel*
- Mikrobrauerei Brasserie Garland: Annick und Christian Garland stellen die „Karland"-Biere ihrer kleinen Craftbier-Brauerei nur aus dem hofeigenen Bio-Getreide Gerste und Hopfen sowie dem Wasser der Montagne Noire her. Ihre Biere sind weder gefiltert noch pasteurisiert; 81470 Les Combes, 81470 Algans, Tel. +33 563 72 49 95, *brasseriegarland.fr*

Restaurant:

- Le Relais Cathare: Der Gasthof ist einer der wenigen ringsum und stillt den Hunger mit einem Büffet und einem Tagesmenü; Le Bourg, 81470 Cambon-lès-Lavaur, Tel. +33 5 63 75 57 92, *facebook.com/Lerelaiscathare81*

Unterkunft: Rings um Margin gibt es eine Handvoll kleiner Privatvermieter.

Website: *tourisme-occitanie.com/fr/fiche/patrimoine-culturel/chateau-musee-du-pastel-magrin_TFOSITRA2_PCU_803443*

20. Château de Millet: der Armagnac-Keller

Der Armagnac ist das älteste auf Wein basierende Lebenswasser Frankreichs. Auf einem typischen Gutshof der Gascogne stellt Francis Dèche mit seiner Familien dieses Eau-de-Vie bei Eauze im Gers noch ganz handwerklich und traditionell wie einst her.

Hinter dem mittleren Tor liegt der Armagnac-Keller.

Château de Millet ist ein Bilderbuch-Hof. Rot leuchten die Fensterläden auf dem hellen Stein der weitläufigen Gutsanlage. Grün ragt majestätisch eine Zeder an der Zufahrt auf. Herbstgolden leuchtet der Wein auf der Fassade der Scheune.

Die alte Holztür knarrt, als Francis Dèche den Zugang zu seinem Keller öffnet. Francis Dèche ist einer der 70 Winzer, die im Südwesten des Gers im Bas-Armagnac hochprozentigen Armagnac herstellen. Seit mehr als 50 Jahren ist Francis mit Lydia verheiratet, die ebenfalls ihr ganzes Leben lang auf dem Hof mit angepackt hat und nebenbei vier Kinder großgezogen hat. Heute leitet mit ihrer Tochter Laurence Dèche bereits die fünfte Generation das Familienweingut.

Francis Dèche prüft die Farbe seines Armagnac.

Dicht an dicht sind die Fässer in dem länglichen, feuchten Raum aufgereiht. In ihnen reift der Armagnac bis zur Vollendung. Wie alt er war, als er abgefüllt wurde, verraten die Kürzel der Flaschen.

Brennprobe am Alambic

„VS" erhält ein Armagnac mit zwei Jahren Reifezeit, „VSOP" nach fünf Jahren, XO bedeutet „Hors Age". Ein solcher Armagnac muss, das schreiben die Auflagen der AOC (Appellation d'Origine Contrôlée) vor, mindestens zehn Jahre lang im Holzfass gereift sein.

Bei Francis Dèche ruht in jedem der 211 bis 213 Liter fassenden Barriquefässer seit 1973 ein Millésime, ein Jahrgangsarmagnac. 51°, 52,3°, 54,7°-Volumen-Prozent Alkohol verraten die Aufschriften in Kreide. Am oberen Loch sind die Fässer nicht so hermetisch versiegelt wie beim Wein. Bei Armagnac genügen ein Tuch und Stopfen – das junge Lebenswasser soll während der Reife mit dem Sauerstoff der Luft ganz bewusst oxidieren. Die Tannine des Holzes sorgen nicht nur für den goldbraunen Farbton, sondern auch für eine feine Vanillenote.

Francis entfernt den Korken, hält eine lange Glaspipette hinein, entnimmt etwas Flüssigkeit und überprüft mit einem kleinen Schluck die Qualität seines Armagnacs. Feine Düfte, mit einem Hauch von Vanille und alter Eiche, entweichen der Pipette und füllen den Raum. Samtig, weich und edel entfaltet der Armagnac im Gaumen seine Aromen.

Brennmeister Marc füttert das Feuer des Alambic.

Hergestellt wird Armagnac einzig aus Weißwein, der im geschützten Anbaugebiet der AOC Gascogne gewachsen und ohne Zusatz von Schwefel gekeltert wurde.

Verkostet wird im Hofladen des Weingutes.

Francis Dèche beim Winterschnitt

Beim Brennen wird getafelt.

Zehn Weißweine sind zugelassen. Hauptsorte und Star auch bei Francis ist der Ugni Blanc, gefolgt von Baco, Folie Blanche und Colombard. Ältere noch zugelassene Sorten sind Plant de Graisse, Clairette de Gascogne, Jurançon Blanc, Mauzac Blanc, Mauzac Rosé und Meslier Saint-François – wahre Raritäten!

Die Destillation der Weißweine muss – auch das eine Auflage der AOC – vor dem 31. März nach der Ernte erfolgen. Francis Dèche lädt im Dezember zum Schaubrennen und zum großen gemeinsamen Schlemmen mit deftiger Hausmannskost und Brulot d'Armagac, hochprozentig flambiertem Glühwein, zum Abschluss.

Vor dem mobilen Alambic ihres Winzerfreundes Marc Saint-Martin stellen Lydia und Laurence

Dèche dann im großen Schuppen lange Reihen mit Tischen und Stühlen auf – und inszenieren das Brennen als Fest für alle, die es einmal live erleben wollten. Und während der Wein in den nostalgischen Brennkesseln Feuer gewinnt, hält Francis Dèche immer wieder den kleinen Finger unter dem laufenden Strahl des jungen Lebenswassers und probiert. Anfang noch auf einem Zuckerwürfel. Später nur noch pur.

INFO

Lage: Die Kellerei Château de Millet liegt vier Kilometer nordwestlich von Eauze, der Hauptstadt des Armagnac im Département Gers; 3356, Route de Parleboscq, 32800 Eauze, Tel. +33 5 62 09 87 91

Anreise:

- mit dem Auto: Von der Nationalstraße N126 Toulouse-Castres de Ausfahrt Puylaurens nehmen, dann kurz der 926 nach Osten folgen, danach gen Norden auf die D12 abbiegen und bis Magrin folgen.
- mit Bahn/Bus: Der nächstgelegene Bahnhof befindet sich in Auch. Von dort fährt die Buslinie 951 viermal täglich nach Condom, von dort die Linie 952 zweimal täglich nach Eauze.

Restaurants:

- Le Bar du Marché: guter Wein, hausgemachte Tapas. Die rustikale Weinbar ist drinnen wie draußen der Treff; 2, Boulevard Général Ballon, 32800 Eauze, Tel. +33 6 75 24 57 65, *bar-du-marche.fr*
- Loft Café: beliebtes Bistro am Hauptplatz der kleinen Stadt; 7, Place d'Armagnac, 32800 Eauze, Tel. +33 5 62 09 90 76, *facebook.com/profile.php?id=100057368773797*

Unterkunft:

- Im Château de Millet, im einstigen Taubenturm, befindet sich eine Gîte mit drei Zimmern und zwei Bädern; *chateaudemillet.com/location-du-gite*

Website: *chateaudemillet.com*

21. Domaine de Vivarié: stylish schlummern im Gutshof

Hier wurde Jean Jaurés geboren, spiegeln sich farbenfroh alte Fassaden im Agout, birgt das Goya-Museum Frankreichs zweitgrößte Sammlung an spanischer Malerei ... und versteckt sich einen Steinwurf außerhalb von Castres hinter einer majestätischen Zeder eines der schönsten Chambres d'hôtes Okzitaniens: die Domaine de Vivarié.

Abseits der Départementstraße D612 weicht der Lärm der Stille, der Asphalt einem Feldweg. Platanen stehen Spalier. Dann taucht das Gutshaus auf, mit weißem Putz, pastellblauen Fensterläden und rankendem Grün. Warmes Licht strahlt durch die alten Fenster. Hinter einem Fenster sitzt John, hat das Knirschen auf dem Kies gehört, kommt heraus und sagt mit offener Herzlichkeit und einem Lächeln: „Bienvenue!"

Das Herrenhaus des Gutes

Nostalgischer Komfort prägt die Zimmer.

Gastgeber zu sein, das spürt man von der ersten Sekunde, gefällt ihm. Er ist Manager, Koch und Gärtner in einem – und stolz auf das Anwesen aus dem 17. Jahrhundert, das er gemeinsam mit zwei Freunden aus seiner Heimat Aix-en-Provence anderthalb Jahre lang saniert und eingerichtet hat. Einer der damaligen Partner arbeitet heute in einem Labor in Brüssel, ein zweiter – Paul Frégassy – hat im nahen Mazamet mit „La Villaé" ein weiteres Chambre d'hôtes voller Charme eingerichtet. „Als wir 2013 das Gutsgebäude kauften, war es sehr heruntergekommen", erzählt John. „Bei der Renovierung wollten wir das einzigartige Flair dieses Ortes bewahren."

Das ist ihnen gelungen. Der Turm, einst als Zeichen des Wohlstandes dem Herrenhaus beigefügt, ist damals wie heute ein nicht genutzter Bereich und bis heute Status-Symbol. Die restlichen Räume versprühen nostalgische Opulenz – und flirten mit Design von heute. Rechts und links vom Eingang befinden sich die beiden Speisesäle, in denen John abends den Table d'hôte serviert. Authentische Gerichte, tief verwurzelt im kulinarischen Erbe Okzitaniens, kommen aus der Küche. Gekochtes Ei mit Foie gras als Entree, im Hauptgang eine Ente, die mit Honig und Thymian glasiert wurde, ein hausgemachtes Eis mit Veilchen – und alles begleitet mit Weinen der Domaine de Vayssette, einem Familienweingut aus Gaillac im Tarntal.

Eine breite Massivholztreppe führt zu den Räumen im ersten Stock. Lavendel, Orchidee, Amaryllis und Sonnenblume heißen die vier Zimmer. Jedes ist so individuell wie der Name der Blüte, den es trägt. Amaryllis liebt es nostalgisch mit dunklem Holz, Himmelbett und Holzfußboden. Im Lavendelzimmer schweift der Blick vom 1,60 Meter breiten Kingsize-Metallbett in den Park. Kunstrasen bedeckt den Fußboden des Badezimmers, in dem neben der Rainshower-Dusche auch eine nostalgische Wanne zu Wellness lädt. Mit eigenem Kamin punktet das Orchideenzimmer, das ganz und gar auf klassisch-gediegene Eleganz setzt. Warmes Gelb prägt das Doppelzimmer Sonnenblume mit seinen beiden Einzelbetten. Standard in allen Zimmern sind neben TV und WLAN auch ein Wasser-

Der Speisesaal

kocher samt einer Auswahl an Schwarz- und Kräutertees sowie eine Kaffeemaschine mit Coffee Pads.

Das Quartett der Zimmer ergänzt eine Suite. Mit ihren 70 Quadratmetern in zwei Zimmern, das eine mit Kamin, gleicht sie einer eigenen Wohnung im Gutshof und wirkt mit ihrem Interieur in Rot, Weiß, Schwarz und Grau, dem Spiel zwischen kühlweißem Putz und warmen Feldstein und den knallig roten Kunststoffsesseln geradezu jugendlich modern. Von der Suite unter dem Dach wird deutlich, wie abgeschieden das Gut ist. Ein fünf Hektar großer Park mit alten Gehölzen und großen Rasenflächen umgibt es. Einzig das Rauschen der Blätter in der leichten Brise ist zu hören. Bis am Morgen die Vögel wach sind und aus der Küche der Duft von frischem Kaffee das Haus durchzieht. John stellt hausgemachte Konfitüre mit Melone und Renekloden neben das knuspriges Baguette, Croissant und Schokobrötchen. Guten Morgen im Pays de Cocagne! Und wahrlich, der übersetzte Name des Landstrichs passt: Schlaraffenland.

INFO

Lage: Castres liegt im Tal des Agout, in den hier die Nebenflüsse Durenque und Thoré und viele weitere Bäche einfließen. Die Bäche Ruisseau du Rosé und Ruisseau du Roudil begrenzen gen Westen bzw. Osten das Gutsgelände der Domaine de Vivarié; 33, Chemin de la Vivarié, 81100 Castres, Tel. +33 6 59 52 14 70

Anreise:

- mit dem Auto: Das Anwesen befindet sich fünf Kilometer außerhalb von Castres; die Zufahrt zum Gut zweigt in La Tourette von der D612 ab (ausgeschildert).
- mit der Bahn: Von 5 bis 22 Uhr halten die TER-Regionalzüge der SNCF in Castres, 108, Avenue Albert 1er, 81100 Castres, *ter.sncf.com*
- mit dem Rad: Castres liegt an der markierten Radwanderroute nach Revel, *af3v.org/les-voies-vertes/voies/74-veloroute-castres-revel*

Website: *lavivarie.fr*

22. Saint-Gervais-sur-Mare: steinreiches Pilgerdorf

Saint-Gervais-sur-Mare ist eines dieser Dörfer im Hérault, die fernab der Küste die Muße und Ursprünglichkeit von „la France profonde" bewahrt haben. Ursprünglich, authentisch und im Rhythmus der Natur. Pilger wandern durch das Dorf, Neo-Rurale bleiben und vollenden dank Internet und e-Commerce jenen Traum vom Leben auf dem Lande, den John Seymours Bücher begründeten. Und alle, die sich für Steine und Fossilien interessieren, entdecken ein geologisches Paradies.

Die Ruinen von Saint-Pierre-de-Neyran

Im Winter ist das Klima rau, und der Schnee bedeckt die Natur mit einem glitzernden, eiskalten Mantel, der unter dem Licht der mediterranen Sonne schmilzt. Dann erfüllt das Zirpen der Zikaden die Luft und begleiten die Fahrt auf malerischen Straßen, die die Schieferhänge ringsum erklimmen. Dann ragt auch im Norden von Saint-Gervais-sur-Mare auf einem Grat ein Burg-Dorf auf, das im 15. Jahrhundert verlassen wurde: Neyran. Sein Wahrzeichen ist die Ruine seines Glockenturms. Im Westen erhebt sich aus altem Gneis das Massiv von Espinouse, das am Sommet d'Espinouse 1124 Meter hoch aufragt. Sein Kamm bildet die Wasserscheide zwischen Atlantik und Mittelmeer und offeriert einen grandiosen Weitblick vom Mittelmeer bis zu den Pyrenäen.

Mitten durch den alten Pilgerort, der südlich der Mare liegt, plätschert die Casselouvre. Sie trennt das mittelalterliche Dorf an der Via Tolosana in zwei Teile. Der ältere Bereich erstreckt sich als

Am Ufer des Casselouvre

Labyrinth steiler Kopfsteingassen und Treppenwege am rechten Ufer zwischen der Pfarrkirche und den Ruinen der Burg. Die Pfarrkirche ist Pflichtstopp der Wanderer, die mit der Via Tolosana auf einem der„Wege der Jakobspilger in Frankreich" unterwegs sind. Seit 1998 gehören die Wege zum Welterbe. Die Burg ist ein weiterer schöner Aussichtspunkt.

Viele Jahrhunderte war Saint-Gervais ein wichtiges Zentrum für den Weinbau des Hérault, denn hier fertigten 160 „Cercliers" aus den jungen Stämmen der Kastanienbäume jene hölzernen Ringe, die über die Fässer gezogen wurden, um sie rollen zu können. Diese Aufgaben übernahmen die „Barrouls". Jene Fassroller waren nicht nur Männer, sondern oft auch Frauen. Bis zum Ende des Zweiten Weltkriegs erfüllte das Hämmern der „Cloutiers" die alten Gassen. Vom Hufnagel über den Zimmermannsnagel bis zum großköpfigen Ziernagel, der bis heute die alten Türen ziert, hatten einst Nagelschmiede in Saint-Gervais alle Arten von Nägeln hergestellt. Am Ende der 1980er-Jahre war auch für den Kohlebergbau Schluss. Einzig die Schlackenhalden, heute begrünte Hügel, erinnern heute daran, dass neben der Kohle auch Eisen und Blei, Kupfer, Zink und

Phosphate gewonnen wurde in Saint-Gervais. Es gab Kalköfen, Kachelwerke und Marmorbrüche. Selbst Bauxit, Baryt und sogar Gold, Silber und Uran wurden einst hier gewonnen. Auch das Geologiemuseum ist inzwischen geschlossen. Doch die Geologie stören so kurze Zeiten kaum. Sie ist bis heute hier so einzigartig reich wie selten in Frankreich.

Im Quartier du Pioch

Fast alle geologischen Stufen sind vertreten; fast alle Gesteinsarten – Eruptivgestein wie Metamorphite – lassen sich hier bei Saint-Gervais sammeln. Und Fossilien: Trilobiten, die vom Kambrium bis zum Massensterben im Perm die Meere bevölkerten, urzeitliche Weichtiere und prähistorische Farne – 500 bis 600 Millionen Jahre der Erdgeschichte erzählt der Hérault zwischen dem Massif Central und dem Mittelmeer. Allein 250 Millionen Jahre lang wuchsen die Ablagerungen des Urmeeres rund um Saint-Gervais. Die hercynischen Faltung ließ das Hérault-Gebirge entstehen und veränderte dabei die Ablagerungen in der Tiefe. Aus Ton wurde Schiefer, aus Kalkstein Marmor. Granit und Gneise gesellten sich zu ihnen und sorgten für jene sauren Böden, die der Steineiche nichts ausmachen und welche die Kastanie liebt. Beide sind ständige Begleiter beim Wandern und Staunen in den Bergen von Saint-Gervais.

Die Pfarrkirche Église paroissiale Saint-Gervais et Saint-Protais

INFO

Lage: Saint-Gervais-sur-Mare erstreckt sich südlich des Flusses Mare im Massiv der Monts de l'Espinouse im Norden des Départements Hérault nahe der Grenze zu Aveyron und Tarn im Herzen des Parc Naturel Régional du Haut-Languedoc. Der Casselouvre fließt mitten durch den Pilgerort an der Via Tolosana.

Anreise:

- mit dem Auto: Von der Landeshauptstadt Béziers, 50 Kilometer südöstlich, führt die D909, die später D909A heißt, nach Saint-Gervais-sur-Mare.
- mit der Bahn: Der Bahnhof von Saint-Gervais ist der Gendarmerie gewichen. Der nächstgelegene Bahnhof befindet sich heute im 19 Kilometer entfernten Bédarieux.

Restaurants:

- Café-Brasserie Le Sant-Gervais: Vom Frühstück bis zur Nacht – Gérald Gras Ecklokal ist eine Institution. Zu Essen gibt es typische Kneipen-Klassiker wie Croque Monsieur, Huhn mit Pommes Frites oder „Planches", Platten mit Käse oder Schlachtwaren zum Teilen; 4, Place de l'Église, 34610 Saint Gervais-sur-Mare, Tel. +33 4 67 23 61 98, *lesaintgervais.fr*
- L'ÉcHo des Sources: „Das Echo der Quellen" hat Christine Carrière ihren Biohof genannt, auf dem sie Hühner und Forellen züchtet, Gäste mit köstlicher Naturküche bewirtet – und im Sommer Live-Konzerte und andere Events veranstaltet; 2, route de Castanet-le-Bas, 34610 Saint Gervais-sur-Mare, Tel. +33 4 67 23 65, *facebook.com/profile.php?id=100066522202343*

Unterkunft:

- La Bruyère: Die vier günstigen Gästezimmer bei Brigitte Trapp sind klein und gemütlich: eine charmante Unterkunft mit einer sympathischen Gastgeberin; 5, Rue de la Marianne, 34610 Saint-Gervais-sur-Mare, Tel. +33 4 67 23 97 91, *la-bruyere.net*

Website: *stgervaissurmare.fr*

23. Pouzolles: die „Circulade" am Thongue

Es gibt sie nur in Okzitanien, und selbst dort fast nur in den Départements Aude, Gard und Hérault: die „Circulades". Diese rund 50 mittelalterlichen Runddörfer sind 200 Jahre älter als die berühmten Bastiden des Südwestens, die lange als Keimzelle des europäischen Städtebaus galten. Zu den schönsten dieser uralten Orte gehörte Pouzolles.

Mit Krysztof Pawlowski, Architekt und UNESCO-Beauftragter aus Polen, hat die Erforschung der Stadtentwicklung einen großen Sprung nach vorn gemacht. Sein 1992 erschienenes Werk „Circulades languedociennes de l'an Mille" hat erstmals wissenschaftlich verlässlich die uralten Runddörfer im Languedoc untersucht und ihnen einen Namen gegeben: Circulade. Ihr Name verrät, wie sie aufgebaut sind. Wie in Pouzolles schmiegen sich Häuser und Gassen als Halbkreis, Kreis- oder Ellipse um eine zentrale Burg oder Kirche. Zugang zur Circulade gewährten Tore oder andere Öffnungen im äußeren Häuserring, der eine deutliche teurere, separate

Das Burgschloss von Pouzolles

Stadtmauer ersetzte. Angelegt wurden die wehrhaften Runddörfer nicht nur in der Ebene wie Gruissan, sondern auch auf Anhören, Kuppen und Hügelspitzen wie Pouzolles.

Notre-Dame de Saint-Martin

Am Ufer des Thongue ragt das Château de Pouzolles seit dem 15. Jahrhundert in seiner heutigen Form mit zwei Ecktürmen wuchtig und wehrhaft in den Himmel. In der Renaissance waren die gotischen Fensterkreuze und Stilelemente der mittelalterlichen Burg repräsentativem Schmuck nach italienischem Vorbild gewichen. Repräsentanz statt Verteidigung waren nun wichtig. In nächster Nachbarschaft recken sich die Türme der Kirche Notre-Dame de Saint-Martin auf, die wie die Burg auf zehn Meter hohen und drei Meter dicken Fundamenten ruht. Die mittelalterliche Circulade von Pouzolles war nach heutigen Maßstäben winzig mit der inneren Rue Christophe Ricard und der äußeren Rue des Murs. Bis zu einen Meter dick sind dort bis heute die Mauern der Häuser. Zugang ins Herz der Circulade gewährte die Porte Saint-Martin, von den Einheimischen nur „la Porche" genannt.

Im März 1871 – der deutsch-französische Krieg war beendet, der Frieden von Frankfurt noch nicht geschlossen – traf sich Frédéric Greilhet, der damalige Bürgermeister von Pouzolles, mit seinem Rat zu Füßen der Circulade am Ufer der Thongue. Dieses Treffen schenkte Pouzolles seinen zweiten Hingucker. Alle, die Steine, Trester und andere Gegenstände an den Ufern der Thongue deponiert hatten, mussten den Unrat innerhalb einer Woche abräumen. Dann rückten Straßenarbeiter und Gärtner an und verwandelten den Schuttplatz in einen Platanenplatz, auf dem sich seitdem das Dorf zum Plausch und Pétanque-Spiel trifft. Im Sommer ist die schattige und weitläufige Promenade jeden Freitagabend Treffpunkt für die Tanzbrasucade. Am 14. Juli, am französischen Nationalfeiertag, feiert Pouzolles dort sein großes Juli-Dorffest. Die Sommerfeste beschließt Ende August das Bœuf à la broche, das Rind am Spieß.

Nur noch eine malerische Ruine ist der einstige genossenschaftliche Weinkeller von Pouzolles-Margon mit seiner eindrucksvollen Fassade von 1939. Die genossenschaftliche Kellerei, die bei Weinmessen so manchen Preis erhalten hatte, schloss sich 2008 mit der Weinkooperative von Abeilhan zusammen. Seit Ende 2009 gehört auch die Kellerei von Roujan der Großkooperative an, die ihre Landweine in Weiß, Rosé und Rot mit der geschützten geografischen Angabe (Indication Géographique Protégée) IGP Côtes de Thongue verkauft.

Die Altstadt von Pouzolles

INFO

Lage: Pouzolles liegt rund 18 Kilometer nordöstlich von Béziers und rund 30 Kilometer von den Stränden im Hérault entfernt.

Aktivitäten: Zwei markierte Rundwanderwege eröffnen immer wieder neue Ausblicke auf Pouzolles inmitten einer weiten, offenen Landschaft mit einzelnen „Puechs" (Hügelkegeln). Unterwegs begegnet man immer wieder Kreuzen – 23 wurden ringsum von Pouzolles aufgestellt.

- Puech Fario: vier Kilometer lange, leichte Rundwanderung; *pouzolles.fr/images/PDF/Balades/Pouzolles_PechFario.pdf*
- Canto Merle: 6,5 Kilometer lange, leichte Wanderung; *pouzolles.fr/images/PDF/Balades/Pouzolles_CantoMerle.pdf*
- Markierte Stichrouten bringen Wanderer nach Fos, Gabian, Margon, Neffiès, Roujan und Vailhan; die PDFs zu diesen Wanderungen lassen sich herunterladen auf *pouzolles.fr/tourisme-et-activites/randonnees*

Restaurant:

- Café des Allées: Tapas und Tartar, Burger und beliebte Bistrogerichte: Das Ecklokal, einst als Café Martin gegründet, ist bis heute der Treff von Pouzolles – besonders, wenn Fußballspiele live übertragen werden oder der DJ auflegt; 1, Place de l'Étoile, 34480 Pouzolles, Tel. +33 4 67 24 80 17, *facebook.com/bistrotcafedesallees*

Unterkünfte:

- Entre Pechs et Vignes: Caroline und Stéphane haben auf ihrem 2700 Quadratmeter großen Grundstück in den Weinbergen mit Pool und Boule-Platz mehrere Gästezimmer eingerichtet. Abends wird bei der Table d'hôte gemeinsam gegessen; 8, chemin des Rouyères, 34480 Pouzolles, Tel. +33 6 77 73 59 99, *entre-pechs-et-vignes.fr*
- Le Grenier du Parc: Danièle und ihre Tochter Antou haben im einstigen Weinkeller drei Gästezimmer für maximal zwölf Personen eingerichtet. Bei gutem Wetter wird das Frühstück mit Eiern von eigenen Hühnern im 2200 Quadratmeter großen Garten serviert. Abends schlemmen alle Gäste gemeinsam bei der Table d'hôte; 10, Avenue Gambetta, 34480 Pouzolles, Tel. +33 6 29 85 38 31

24. Forêt de Bouconne: die Vision im Wald

Früher war er noch viel größer und reichte gen Süden bis zu den Wäldern der Forêt de Fabas und der Forêt de Mauboussin bei Esparron. Doch auch heute ist die Forêt de Bouconne, die sich an der Grenze der Départements Haute-Garonne und Gers über die Gemeinden L'Isle-Jourdain, Lévignac-sur-Save und Montaigut-sur-Save erstreckt, ein beeindruckendes Waldgebiet.

27 Quadratkilometer ist der Wald groß – und damit etwas größer als die Nordseeinsel Norderney. 30 Kilometer westlich von Toulouse bedeckt er von Nordost nach Südwest als elf Kilometer langer und rund zwei Kilometer breiter Streifen die ehemaligen Schwemmlandterrassen der Garonne in einer Höhe von 170 bis 280 Metern.

Wo der Grund besonders feucht ist, recken sich imposante Erlen empor. Stattlich sind auch die Eichen, Buchen, Korkeichen und

Ein altes Bahnwärterhäuschen samt Schranke versteckt sich im Wald.

Im Waldgebiet gibt es mehrere Picknickplätze.

Kastanien, die sich im Wald erheben. Dann wechselt die Vegetation ihr Gesicht, folgen Rotmanntannen auf Waldkiefern. Wildschweine und Rehe sind im Wald zu Hause. Dachs, Fuchs und Ginsterkatze leben im Unterholz. Ginster, Heidekraut, Weiß- und Schwarzdorn bieten Nahrung und Unterschlupf.

Kieselsteine, Schotter und Ton prägen den Boden des Forêt de Bouconne. Dieses Trio, gepaart mit leichtem Gefälle, sorgt dafür, dass der Waldstreifen schlecht entwässert – und das Klima milder und feuchter ist als ringsum. Wanderer brauchen daher wasserfestes Schuhwerk an all den Tagen, an denen es zuvor geregnet hat.

Als einziges Waldgebiet im Toulouser Umland ist der Forêt de Bouconne sehr beliebt für Soft-Outdoor-Aktivitäten. Seine fünf markierten Wanderwege von fünf bis zehn Kilometer Länge dürfen ausschließlich Fußgänger nutzen. Hinzu kommen zwei markierte Routen für Aktive: ein 20 Kilometer langer Sportkurs sowie eine neun Kilometer lange Joggingstrecke. Mitten durch den Wald führt mit der Grande Randonnée GR653 die Via Tolosana, die alte Wegstrecke der Jakobspilger auf dem Weg nach Santiago de Compostela. Sechs Routen mit insgesamt 110 Kilometer Länge warten auf Mountainbiker.

Der kleine See des Forêt de Bouconne.

Mitten im Forêt de Bouconne erzählt die Base de Loisir von der Vision eines Algerienfranzosen. Nach dem Verlust der Kolonien war André Huet mit seiner Frau nach Frankreich zurückgekehrt und hegte grandiose Pläne für ein brachliegendes Gelände im Grün, das sie erworben hatten. Die Pläne des Architekten zeigen Tennisplätze, Fußball- und Rugbyfelder, Sporthallen, ein olympisches Schwimmbad mit Sprungbecken, einen 18-Loch-Golfplatz, ein Thalasso-Zentrum, ein Freilufttheater, zwei Restaurants und andere touristische Einrichtungen. Geplant war auch ein Minizug, der die Besucher von einem Punkt zu einem anderen in dieser Outdoor-Basis transportieren sollte.

Monsieur Huet war ein Visionär, der seiner Zeit voraus war. Schnell wurden vier Tennisplätze und ein Teil des heutigen Schwimmbads gebaut. Ein Spielplatz folgte, Straßen im Wald wurden geöffnet. Doch dann geriet das Projekt in finanzielle Schwierigkeiten. Der Staat sagte „nein“ zu den geplanten Unterkünften. Huet protestierte, fuhr mit seinem Holzmodell der Freiluftoase mit dem Zug nach Paris, verteidigte sein Projekt beim Staatssekretariat für Jugend und Sport und holte Olivier Guichard, damals Minister für Planung und regionale Entwicklung, in den Wald. Der Staat indes gab anderen Projekten zur Entwicklung von Freizeitgebieten in der

Nähe von Toulouse den Vorrang. Huet warf das Handtuch. Doch Alex Raymond, Bürgermeister von Colomiers, ließ nicht locker. Auf sein Betreiben schlossen sich 1968 mehrere Gemeinden zu einem interkommunalen Zusammenschluss zusammen, kauften Huets Anwesen – und retteten es als Freizeitanlage Bouconne.

INFO

Anreise:

- mit dem Auto: kostenlose Parkplätze in Pibrac, Montaigut-sur-Save, Pujaudran, Lévignan, am See Lac de la Bordette und an der Départementsstraße D24
- mit der Bahn: Die TER-Lokalzüge der Staatsbahn SNCF halten am Südrand des Waldes in Pibrac und Brax, im Norden in Mérenviell, von dort geht es zu Fuß oder mit dem eigenen Rad weiter; *ter.sncf.com*, Fahrpläne und Karte: *moovitapp.com, rome2rio.com*

Aktivitäten:

- Syndicat Mixte pour l'Aménagement de la Forêt de Bouconne (SMAFB): Freizeitgelände (Base de Loisirs) mit sechs Tennisplätzen, Minigolf, Kunstrasenfeld für Fußball, Handball und Baseball, Schwimmbad mit drei Becken, darunter einem 25-Meter-Becken für Schwimmer, Picknickplatz mit Buvette, Mountainbike-Verleih (März bis Oktober); 2562, Chemin du Râtelier, 31530 Montaigut-sur-Save, Tel. +33 5 61 85 40 10; Gruppenunterkünfte (Centre de Loisirs): Tel. +33 5 61 85 83 12; *bouconne.fr*
- Wanderkarte: *www.bouconne.fr/smafb/foret_de_bouconne.aspx*

Unterkunft/Restaurant:

- Le Ratelier: Das Zweisternehotel mit 26 Zimmern, davon vier im Erdgeschoss mit eigener Terrasse, liegt mitten im Grünen. Seine große Restaurantterrasse grenzt direkt an den Forêt de Bouconne. Aus der Küche kommt raffiniert verfeinerte Landküche. Das Schwimmbad ist fein, aber klein; 2075, Chemin du Ratelier, Lieu-dit Hounédis, 31530 Montaigut-sur-Save, Tel. +33 5 61 85 43 36, *leratelier.fr*

25. Azille: die kleine „Bourg" mit dem grossen Boulevard

Rotbraun ist die Erde im Tal der Garonne zwischen Narbonne und Carcassonne. Dann taucht es auf einer felsigen Anhöhe auf: Azille, ein 1200-Einwohnerdorf mit seiner kleinen „Bourg" und seinem großen Boulevard. Er ist der längste im ländlichen Languedoc. Seit dem Auffüllen der Wallgräben bildet er der Corso des Dorfes: Hier flaniert man, inspiziert den Trödel der Flohmarkthändler und feiert die Feria.

Azille war bereits in der Frühzeit und der Antike ein beliebter Wohn- und Lebensort. Davon zeugen die Gräber aus der Eisenzeit, die Zeugnisse einer römischen Villa, die heute in Narbonne im Musée NarboVia zu sehen sind, sowie die Überreste einer westgotischen Nekropole, die jüngst am Ortsrand freigelegt wurde. Im Mittelalter war Azille eine der wichtigsten Städte der Erzdiözese

Flohmarktzeit auf dem Boulevard

Narbonne. Zum Zeichen seiner kirchlichen Macht erhielt es die Église Saint-Julien mit ihrem 36 Meter hohen Turm, die der Kathedrale Saint-Just von Narbonne angegliedert war. Drinnen schmückt die Jungfrau mit dem Kinde das Gotteshaus. Die polychrome Skulptur gilt als Meisterwerk der mediterranen Gotik. Im Steinschmuck des Sakralbaus hat ein Schüler des berühmten, aber namenslosen „Meisters von Cabestany" seine Spuren hinterlassen. Jener rätselhafte Bildhauer hatte die Romanik ins Languedoc gebracht und verbreitet.

Mit der Ankunft der Eisenbahn erlebte Azille einen ungeheuren Aufschwung. Prachtvolle Stadtpalais entstanden und bezeugen bis heute auf dem längsten Boulevard des Languedoc den Wohlstand, den der nun möglichen Transport per Schiene gebracht hatte. Wer genau hinsieht, erkennt, dass auch Bauelemente und Steine der königlichen Abtei Sainte-Claire und des Couvent des Cordeliers, nach der Französischen Revolution verkauft, beim Bau der Stadtvillen Verwendung gefunden haben. Weizen, Olivenöl und Wein wanderten auf der Schiene von Azille aus in alle Welt. Bis heute zeugt das Weingut Jouarres mit seinem schlossartigen Anwesen und großem Reifekeller von der Blüte des Weinbaus von 1870 bis 1910.

Zu jener Zeit – 1875 – verbrachte ein französischer Komponist und Organist deutsch-belgischer Abstammung einige Zeit auf dem wehrhaften Stammsitz bei Paul Gallimard. Der Komponist war ein Freund der Familie – und war César Franck (1822 bis 1890), der gerade seine Oper „Le Valet de Femme" fertiggestellt hatte.

Mit seinen polyphonen Kompositionen gilt Franck als Begründer des französischen Impressionismus in der Musik. Zu Lebzeiten als Komponist kaum anerkannt, begründete sich sein Ruf zu Lebzeiten besonders auf sein Orgelspiel, und viele seiner Werke erklingen bis heute in Frankreich im Gottesdienst. In Azille ließ sich der 53-Jährige beim Spiel auf der großen Orgel der Église St-Julien am 28. September 1875 zu einer neuen Komposition inspirieren – der poetische Symphonie „Les Éolides". Am 13. Mai 1877 wurde sie bei den „Concerts Colonne" in Paris uraufgeführt.

Ziegelschmuck ziert die Häuser.

Heute erinnert eine kleine Tafel an den Aufenthalt des Musikers. Auch ein Platz in Azille ist nach César Franck benannt. Das Château Guéry, eines der besten Weingüter von Azille, benannte einen seiner exzellenten Cuvées aus dem Minervois „Les Eolides".

Bei Paul Gallimard ging damals die Welt der Kunst ein und aus. Die Familie hatte sich im 19. Jahrhundert in Azille niedergelassen, nachdem Pauls Vater Sébastien Gallimard Henriette Chabrier geheiratet, deren Familie während der Herrschaft von Napoleon III. eine beträchtliche Menge Geld angehäuft hatte. So sehr, dass sie mehrere Theater und Villen in der Hauptstadt besaß. Auch Toulouse-Lautrec besuchte so die Familie im Herzen des Minervois. Nach ihm ist heute die Dorfschule benannt.

Das Monument Paul Lapeyre

INFO

Lage: Azille liegt im Norden von Aude an der Grenze zum Hérault, in der Nähe des Canal du Midi, etwa sechs Kilometer entfernt. Narbonne und Carcassonne sind jeweils rund 40 Kilometer entfernt.

Anreise:

- mit dem Auto: Die D72, D206 und D606 führen nach Azille.
- mit der Bahn: Der nächstgelegene Bahnhof befindet sich in Couffoulens, 33 Kilometer.

Aktivitäten: Um den 1. Mai herum feiert Azille von mittags bis Mitternacht eine große Feria – ein Volksfest zum Stierspektakel. Die Band'azilanne begleitet die Feiernden musikalisch.

Restaurants:

- Café-Bar Les Artistes: einfache Café-Bar mit einer Handvoll Terrassentische; gelegentlich Live-Konzerte; 5, Avenue Pol Lapeyre. 11700 Azille, Tel.+33 4 68 65 18 71, *facebook.com/pages/Cafe-Bar/265784213458022*
- L'Air du Temps: wundervolles Bistro, innen holzgetäfelt und von der Küche ehrlich, authentisch und günstig; 5, Allée de la République, 11700 Azille, Tel. +33 4 68 75 89 39

Unterkünfte:

- In Azille dominierten privat geführte Chambres d'hôtes.
- Les Cordeliers du Comtal d'Azillan: Valérie, Georges und Marie-Ange Saliège haben ihr altes Stadthaus typisch französisch eingerichtet: Antiquitäten paaren sich mit dem Flair des Südens, Nostalgie mit Komfort. Die vier Zimmer sind kleine Oasen, ihr Garten ist eine Oase der Ruhe; 22, Allées Pol Lapeyre, 11700 Azille, Tel. +33 4 68 91 67 76, *chambre-hotes-les-cordeliers.com*
- Gîte d'Écosse: Sehr ruhig gelegenes, komfortables Studio für Selbstversorger von Jacqueline, einer sehr charmanten Gastgeberin; 1, Place des cordeliers, 11700 Azille, Tel. +33 9 67 88 23 75

26. Saint-Rome: die Utopie des Grafen

Im Tal der Garonne erstreckt sich im Lauragais das weite Bauernland mit Getreide, Hülsenfrüchten und Ölsaaten bis an den Horizont. Einen Steinwurf vom Canal du Midi entfernt versteckt sich inmitten der Sonnenblumenfelder ein ganz besonderes Dorf: Saint-Rome – der gebaute Traum eines Grafen.

Um 1780 machte Alexandre-César de La Panouse, ein Adliger aus Rouergue, mit riskanten Finanzgeschäften riesige Gewinne – erst in Antwerpen, dann 1783 in Paris. Seine Gewinne steckte er in Grund und Boden und erwarb in Saint-Rome im Lauragais ein imposantes altes Schloss, das mehr als 100 Hektar Land umgab.

Als er 1836 starb, erbte Henri-Louis-César de la Panouse (1811 bis 1892) das riesige Gut. Panouse lebte in Paris und hatte zunächst kein Interesse an der Hofstelle im Süden – und wollte lieber rei-

Glasierte Ziegel machen die Dächer zum Hingucker.

sen und die Welt sehen. Mit 48 Jahren, mitten in der Midlife-Crisis, stellte sich Panouse die Sinnfrage. Was habe ich aus meinem Leben gemacht? Was hinterlasse ich? Der Graf begann zu träumen. Und kaufte 1859 Land für sein Gut in Saint-Rome. Denn jetzt hatte der Graf eine Vision. Fasziniert von utopischen Arbeiterstädten, wollte er seine eigene Utopie gründen: eine Siedlung, die all jene Architekturstile vereinte, die er auf seinen Reisen bewundert hatte.

Maurisch inspiriert: ein Wohnhaus

Panouse ließ sich von der Pariser Weltausstellung 1867 und Modellen inspirieren, die in César Dalys „Revue générale de l'architecture et des travaux publics" erschienen waren. 1877 ließ er das gesamte Dorf samt Kirche und Stammschloss seiner Familie dem Erdboden gleichmachen und schuf so Platz für sein neues Dorf. Dazu holte er mit Henri Vergnes einen ebenfalls weit gereisten Architekten mit ins Boot. 1884 stand das neue Dorf – für Vergnes „die Fantasie eines Mannes mit Geschmack". Einzig die Kirche wurde von seinen Nachkommen fertiggestellt.

Besonders ausgefallen ist der eklektische Architekturmix im Quartier Estivantiers, errichtet für die Saisonkräfte und Erntehelfer im Sommer. Unter einem Treppengiebel der Backsteingotik schmückt ein maurisch inspirierter Bogen den Eingang zu einer Landarbeiterkate. Die Zimmerleute schufen für die Giebel fantastische Fabelwesen: hier ein Einhorn, dort der Vogel Greif, dann ein umge-

Fantasietiere schmücken Giebel und Balustraden.

drehtes Herz am Stiel. In die Fassaden der Häuser sind maurisch inspirierte, farbige Muster eingelassen, glasierte Geometrie in Weiß, Grün und Blau.

Im Zentrum des Gutsdorfes erhebt sich als Symbol der Macht und Herrschaft ein Mini-Versailles, versteckt hinter hohen Gittern und alten Bäumen. Betonrollen schützen die Tore. „Pas de visite" informiert ein Schild an der Zufahrt, „nicht zu besichtigen". Bis heute leben die Panouse hier inmitten eines riesigen Landschaftsparks im englischen Stil. Westlich der Schlossmauer wurden die funktionellen Bereiche des Dorfes angelegt: Backsteinkirche, Friedhof, Haus des Gutsverwalters, Stallungen, Scheunen und andere landwirtschaftlich genutzte Gebäude. Und eine winzig kleine Bürgermeisterei. Die Macht hält bis heute das Gut.

300 Hektar groß ließ der Patriarch Panouse sein ideales Dorf errichten. Für den symbolischen Preis von einem französischen

Franc verkaufte er Friedhof, Kirche und Dorfkern an die Kommune. Die Häuser der Arbeiter verkaufte diese später einzeln an die Dörfler. 53 von ihnen leben noch in Saint-Rome. Jeden Tag, pünktlich um 9:30 Uhr, hält der Postbote im gelben Wagen an der Schlossmauer und leert den Briefkasten an der Mauer des Gutes, das heute 380 Hektar Land umfasst. Seine Leiterin ist eine Frau: Marie Joseph Nadine de la Panouse. Seit 1950 steht ihr Dorf unter Denkmalschutz.

Eklektisch: der Stilmix von Saint-Rome

INFO

Lage: Saint-Rome liegt im Tal der Garonne im Département Aude, zwei Kilometer vom Canal du Midi und fünf Kilometer nordwestlich von Villefranche-de-Lauragais.

Anreise: auf der Autobahn A61 bis zur Abfahrt Villefranche-de-Lauragais, dann D622, D 618A und D97 bis Saint-Rome

Unterkünfte/Restaurants:

- In Saint-Rome ist keinerlei touristische Infrastruktur vorhanden.
- Hôtel-Restaurant du Lauragais: Das Zweisternehaus der Brüder Ruggeri, Serge und Laurent, ist seit zwei Jahrzehnten eine verlässliche, familiäre Unterkunft mit geräumigen Zimmern und regionaler Küche; 15, Rue de la République, 31290 Villefranche-de-Lauragais. Tel. +33 5 61 27 00 76, *hoteldulauragais.com*

27. Château de Penne: Wiederaufbau zum Zuschauen

Es muss einem Märchen entsprungen sein: 120 Meter hoch thront das Château de Penne auf einem Kalkkegel, den Wind und Wasser überall angeknabbert haben. Eine Festung der Fantasie, die heute der Lebenstraum eines Architekten aus Toulouse ist: Axel Letellier lässt die mittelalterliche Festung originalgetreu mit Werkzeug von einst wieder aufbauen. Im Sommer tragen seinen Handwerker Kostüme und machen die Zeitreise perfekt.

Auf der höchsten Spitze eines Kalkkegels trohnt die Burg von Penne.

Der Burgkegel von Penne ist in Sichtweite der Panoramastrecke durch die Schluchten des Aveyron – doch nur wenige Besucher finden bislang den Weg hinauf zur Burg, von der sich weite Panoramablicke von den Schluchten bis zum Forêt de Grésigne eröffnen. Und so, wie sie heute meist beiseitegelassen wird, erging es der Burg auch in der Geschichte. Trotz ihrer strategischen Lage wurde das Château de Penne vom Kreuzzug gegen die Katharer oder Albigenser, wie sie auch genannt wurden, zu Beginn des 13. Jahrhunderts nicht berührt.

Die Burg besaß damals eine vorherrschende strategische Rolle im Herrschaftsbereich der Trencavel-Fürsten und galt als uneinnehmbarer Ort, den man nicht anzugreifen wagte. Nach dem Kreuzzug von 1229 musste Raymond VII., Graf von Toulouse, seine Festungen entmilitarisieren und Penne an die französische Krone abgeben. Ihr neuer Herrscher, Graf Alphonse de Poitiers, stattete die Festung mit den für die kapetingische Zeit des 13. Jahrhunderts typischen militärischen Verbesserungen aus. Durch die Entwicklung neuer Waffensysteme nutzlos geworden und bei den Religionskriegen verwüstet, diente die Burg ab 1586 den Einheimischen als Steinbruch und Materiallager für eigene Bauten. 1902 unter Denkmalschutz gestellt, wird das Schloss heute nach 450 Jahren wiederbelebt.

Die Burg ist eine Ruine. Doch Axel Letellier, Denkmalschutzarchitekt in Toulouse, hat einen Traum. „Ich war schon immer in Schlösser in schlechtem Zustand verliebt, ich weiß nicht, warum. Das in Penne kenne ich schon lange, ich dachte, es wäre etwas Zugängliches, das wir pflegen, restaurieren und aufwerten könnten", erzählte er er 2007 beim Kauf der Festung der Regionalzeitung La Dépê-

Noch ist die Burg eine Ruine. Doch Axel Letellier will sie wieder aufbauen.

che du Midi. Seitdem lässt er sie Stein für Stein wieder aufbauen. Auch seine Frau, seine Tochter und sein Sohn sind von seinem Traum begeistert und packen tatkräftig mit an beim Wiederaufbau. Zu Beginn jeden Jahres stellen sie all die Materialien zusammen, die sie und ihr Team im Laufe des Jahres brauchen werden und bringen es mit dem Hubschrauber hinauf zur Burg. Steine, Kalk, Sand, Gerüst und Betonmischer. Gut 100 Flüge kommen so jedes Jahr zusammen. Gewerkelt wird meist von Ostern bis Oktober. Von Mitte Juli bis Mitte August arbeiten die Handwerker in historischen Kostümen. Ein Team von Maurern und Steinmetzen ist mit dem Wiederaufbau der Festung beschäftigt. Jeder von ihnen arbeitet mit den Werkzeugen und dem Know-how der jeweiligen Zeit.

Fragile Basis: Wind und Wetter haben den Felsdorn der Burg angeknabbert.

Schon jetzt lassen sich beim Besuch des Château de Penne viele Schätze der mittelalterlichen Architektur entdecken. Das beginnt bereits mit dem Eingangstor. Die riesige Pforte ist baugleich mit der Porte Narbonnaise der Cité von Carcassonne! Im Innenhof erhob sich einst die herrschaftliche Wohnung, in der auch Feste und Bankette stattfanden. Bis heute eine imposante Ruine ist der Donjon. Unten barg der Burgturm die Verliese, oben diente er als Wachtturm. Während des Rundgangs erklären Infotafeln den Bau und das damalige Leben, das im Sommer bei Ritterspielen und anderen mittelalterlichen Animationen auflebt.

INFO

Lage: Die Burg von Penne erhebt sich auf einem schmalen Felsdorn hoch über dem Tal des Aveyron im Département Tarn. Rue du Château, 81140 Penne, Tel. +33 5 63 55 71 09

Anreise:

- mit dem Auto: Auf der Autobahn A62, A20 bis Montauban, von dort die D115 und dann die D133; 35 Kilometer
- mit der Bahn: Die nächstgelegenen Bahnhöfe befinden sich Montauban (35 Kilometer) und Albi (49 Kilometer).

Restaurants:

- Café des Mesures: Zur Marktküche mit Bio-Produkten gibt es gratis eine grandiose Aussicht; Le Bourg, 81140 Penne du Tarn, +33 5 63 56 29 18
- La Terrasse: Bei Domy kommen Klassiker wie Schwein vom Spieß, Tartiflette oder Moules Frites aus der Küche. Auch hier lockt die beste Aussicht auf die Schluchten des Aveyron und die Burg von Penne; Le Bourg, 81140 Penne, Tel. +33 5 63 56 35 03

Unterkünfte:

- In Penne gibt es neben Unterkünften für Selbstversorger Zimmer bei einer Handvoll Privatvermietern. Das nächstgelegene Hotel befindet sich in Bruniquel.
- Les Gorges de l’Aveyron: In einem wunderschönen, alten Landschaftspark, der auf fünf Hektar den Aveyron säumt, liegt das Hotel-Restaurant mit seiner Wassermühle „Le Moulin de Mirande“ und seinem Freiluftpool. Die fünf Gästezimmer der „Moulin“ überblicken allesamt den Garten. Hinzu kommen drei Doppelzimmer im Restaurantgebäude, die 2019 komplett renoviert wurden und jeweils über eine eigene Terrasse am Aveyron verfügen; 169, Route des Gorges de l'Aveyron, 82800 Bruniquel, Tel. +33 5 63 24 50 50, *lesgorgesaveyron.com*

Website: *chateau-penne.com*

Die Mittelmeerküste (Gard, Hérault, Aude, Pyrénées-Orientales)

Die Ermitage Saint-Antoine in den Gorges de Galamus

Die Mittelmeerküste (Gard, Hérault, Aude, Pyrénées-Orientales)

28. Gorges de Galamus: Schlucht auf der Grenze
29. L'Arbre Blanc & Co: Montpelliers moderne Ikonen
30. Lac de Montbel: Karibik mit Pyrenäen-Blick
31. Brasserie du Quercorb: das Craftbier der Katharer
32. Domaine de la Salz: das salzige Herz
33. Le Moulin: neues Handwerk im alten Textilwerk
34. Saint-Martin-du-Canigou: Auszeit am heiligen Berg
35. Mas Larrieu: die wilden Dünen am Tech
36. Anse de Paulilles: Sprengstoff am Strand
37. Die heißen Quellen in der Heimat der Têt
38. Llívia: Spaniens Enklave in Okzitanien

P.N.R. des Grands Causses
Graulhet
Lavaur
Lacaune-les-Bains
Lodève
Saint-Gély-du-Fesc
Castres
P.N.R. du Haut-Languedoc
Bédarieux
Clermont-l'Hérault
Montpellier
Juvignac
Labruguière
Revel
Mazamet
Pézenas
Mèze
Sète
Béziers
Agde
Castelnaudary
Sérignan
Carcassonne
A61
Trèbes
Lézignan-Corbières
Narbonne
A9
Saint-Pierre-la-Mer
Limoux
Lavelanet
Quillan
Port Leucate
Rivesaltes
Mittelmeer
Perpignan
Ille-sur-Têt
Prades
Canet-en-Roussillon
Argelès-sur-Mer
Céret
Saillagouse
Puigcerdà
Port De Llançà
Roses
Figueres
Ripoll
Olot
Banyoles
L'escala
Berga
C-16
Torroella De Montgrí
Salt
Girona
Vic
Palafrugell
Palamós
C-25
AP-7
Sant Feliu De Guíxols
Manresa
Blanes
C-17
C-32
Lloret De Mar
Terrassa
Sabadell
Mataró
28
29
30
31
32
33
34
35
36
37a
37b
37c
38

28. Gorges de Galamus: Schlucht auf der Grenze

Fast 500 Meter tief hat sich der junge Agly, der im Schatten der höchsten Spitze der Corbières entspringt, bei den Gorges de Galamus in den Fels gefräst und eine spektakuläre Schlucht mit Gumpen, Wasserfällen und riesigen Felsen im Fluss geschaffen. An die schroffen Hänge krallen sich Steineiche, Buchsbaum, Wacholder und Rosmarin. Am Himmel kreisen Habichtsadler und Gänsegeier. Urgewaltige Natur zum Wandern, Canyoning, Baden – und eine Perle des neuen Naturparks Corbières-Fenoullèdes.

Indian Summer in der Schlucht

Fünf Kilometer nördlich von Saint-Paul-de-Fenouillet öffnet sich eine schmale, tiefe und kolossale Kerbe in der Montagne du Paradet als letzten Ausläufern der Corbières. In den Höhlen und Grotten der heute als Naturdenkmal geschützten Schlucht hatten bereits vor 450.000 Jahren Menschen gewohnt.

1912 bis 1914 sprengten wagemutige Männer mit Dynamit aus Paulilles (siehe Tipp 36, Seite 186) einen Jahrhunderte alten Saumpfad zur Straße frei, um die Passage zwischen der Aude und den östlichen Pyrenäen zu erleichtern. Den südlichen Auftakt zur Schlucht bildet die Ermitage Saint-Antoine. Am Parkplatz beginnt ein Wanderweg dorthin. Bereits im 15. Jahrhundert hatte ein Eremit hier in einer Naturgrotte gelebt und dort, wo Wasser aus dem Fels kam, eine Kirche erbaut und Saint-Antoine geweiht. Die Kirche ist bis heute ein Pilgerort – am Ostermontag für die Okzitaner, für die Katalanen am Pfingstmon-

Schmal: die Schluchtenstraße

tag. Und immer, wenn geöffnet ist, für die Einheimischen aus Saint Paul. Sie sind überzeugt: Saint-Antoine hatte ihren Ort von der „Suette" befreit. Das Schweißfieber hatte im Jahr 1782 in Saint-Paul-de-Fenouillet gewütet.

Naiv in Holz geschnitzt, erhebt sich der Heilige als hohe Stele auf der linken Seite der Grottenkirche. Zu seinen Füßen ruht ein Schwein. Ringsum leben unzählige Wildschweine – und fressen, sehr zum Ärger der Winzer, die Trauben. Selbst Elektrozäune halten sie nicht davon ab. Wer von der Grottenkirche nicht zurück zum Parkplatz laufen möchte, folgt dem Wanderweg gen Norden, durchquert einen Tunnel, steigt Treppen empor und erreicht so die Landstraße durch die Schlucht, durch die während der Sommersaison ein Richtungsverkehr mit Ampeln erfolgt. Dann sind auch emissionsfreie Shuttlebusse unterwegs für Wanderer und Spaziergänger, die auf Handzeichen halten.

Die Badeplätze, die von der Straße aus zu erreichen sind, befinden sich am nördlichen Ende der Schlucht. Die Zuwege verraten ausgetretene Wege im Gebüsch – markiert ist kein Weg zu den Gumpen. Einige Abstiege sind recht steil, rutschig und voller Geröll. Offiziell ist das Baden aufgrund zahlreicher Unfälle seit 2023 untersagt. Auch im Sommer kann das Wetter sehr schnell wechseln. Wer hinabsteigt in die Schlucht, sollte sich daher nicht nur das Tageswetter, sondern die Großwetterlage ansehen. Jedes Jahr kommt es zu tödlichen Unfällen beim Wandern, Baden und Canyoning. Beginnt es zu regnen, schwillt der Agly, sonst im Sommer ein sehr schmales Rinnsal, so schnell zu einem reißenden Strom an, wie man es kaum erwartet, und reißt alles mit, was sich ihm in den Weg stellt.

Spielwiesen für Canyoning und Badespaß: die Gumpen

Wer die Schlucht im Winter besucht, erlebt das eindrucksvolle Schauspiel der Wassermassen bei jeder „Épisdode méditerranéen". Für viele am schönsten ist die Schlucht im späten September und Oktober, wenn die Laubfärbung der mitteleuropäischen Bäume, die sonst nur wenig auffallen in der Vegetation, goldene Akzente setzen ins dunkle, mediterrane Dauergrün. Dann ist der Trubel verschwunden und die Schlucht ein magischer Ort, in dem sich die Felsspitzen in Gumpen spiegeln, die auch im Sommer erfrischend bleiben. Und der Agly leise gurgelt, mal blaugrün, mal himmelblau. Dann ist die Welt still, und Zeit scheint relativ. Der Zauber der Gorges du Galamus ist hautnah zu spüren.

INFO

Lage: Die Gorges du Galamus sind eine Nord-Süd ausgerichtete Schlucht, die die Landschaften der Corbières und des Fenouillèdes sowie die Départements Aude und Fenouillèdes verbindet. Sie gehört zu den Höhepunkten des regionalen Naturparks Corbières-Fenouillèdes; *parc.corbieres-fenouilledes.fr*

Anreise:

- mit dem Auto: Nur bei der Zufahrt von Süden gibt es einen großen Parkplatz an der Schlucht. Auf der D117 von Perpignan nach Saint-Paul-de-Fenouillet fahren, dort auf die D7 abbiegen, die die Schlucht durchquert und in Aude zur D10 wird.
- mit der Bahn: Der Train Rouge fährt von Rivesaltes und Axat nach Saint-Paul-de-Fenouillet; *letrainrouge.fr*
- zu Fuß: Die Gorges de Galamus sind Etappe auf dem 250 Kilometer langen Sentier de Cathare von Port-la-Nouvelle nach Foix. Kürzere Wanderwege zur und durch die Schlucht beginnen in Cubières-sur-Cinoble und Saint-Paul-de-Fenouillet.

Restaurants/Unterkünfte:

- Au Vieux Moulin: Die einstige Wassermühle am Agly lädt zum Natur-Camping auf der grünen Wiese. Direkt am Fluss gibt es eine kleine Barterrasse.
- Le Relais des Corbières – La Garrigue: Der Landgasthof an der D117 birgt neun Zimmer. Die Einheimischen genießen hier – besonders samstags nach dem Markt – die herzhafte Marktküche von Éric. Seine Frau Marie kümmert sich im Speisesaal um das Wohl der Gäste. Auf der Karte steht stets auch ein katalanisch geprägtes Gericht. Aus dem Keller kommen lokale Weine, so vielfältig wie das Terroir des Agly-Tales; 10, Avenue Jean Moulin, 66220 Saint-Paul-de-Fenouillet, Tel. +33 4 68 59 23 89, *lerelaisdescorbieres.com*
- Comme à la maison: Direkt an der Départementsstraße D 1176 hat die zweite Bürgermeisterin Audray Jammet im einstigen Dorfgasthaus fünf gemütliche Gästezimmer eingerichte; 77, Avenue Jean Moulin, 66220 Saint-Paul-de-Fenouillet, Tel. mobil +33 6 87 69 48 56, *st-paul66.com/hebergement-fiche/HOTES/HLOLAR066V52EYSV/*

29. L'Arbre Blanc & Co: Montpelliers moderne Ikonen

Lebende Steine, sportliche Wolken und ein weißer Wohnbaum: Wie kaum eine andere Stadt in Frankreich gibt Montpellier, die alte Hauptstadt des Départements Hérault, den Architekten viel Freiraum, ihre Visionen zu verwirklichen. Besonders am Lez lassen sich ihre Ikonen bewundern.

Dort erhebt sich als organische Fantasie in Weiß seit 2019 der futuristische Arbre Blanc von Sou Fujimoto. 17 Etagen ist er hoch, der Wohnbaum des weltberühmten Japaners im Quartier Richter – und ganz und gar weiß. 130 Wohnungen birgt der Bau. Die Balkone ragen wie Äste aus dem Stamm. Für den Hingucker kooperierte Sou Fujimoto mit den beiden Architekten Nicolas Laisné Associés und Manal Rachdi von OXO Architectes, die beide in Montreuil im Großraum Paris tätig sind. 2016 begannen die Bauarbeiten am Arbre Blanc. 2019 war Eröffnung.

Der weiße Wohnbaum L'Arbre Blanc

Die japanisch-französische Zusammenarbeit spiegelt die Architektur. L'Arbre Blanc prägt eine

Die Balkone sollen Blättern gleichen.

mediterrane Identität, aber auch die japanische Kultur. Hell und hitzeabweisend wie viele Häuser am Mittelmeer, hat er dichte wie durchlässige Grenzen für das Leben drinnen und draußen. Wohnzimmer und Balkon verschmelzen so zu einem Lebensraum.

L'Arbre nennt sich auch das Restaurant, das Éric Cellier, Charles und François Fontes auf zwei Ebenen dort betreiben – als Schlemmerlokal im Erdgeschoss und Panoramabar in der 17. Etage. Beim Aperitif und letzten Absacker eröffnen sich von dort oben atemberaubende 360-Grad-Rundblicke auf Montpellier und die Mittelmeerküste zur einen Seite und dem Pic Saint-Loup und die Berge der Cevennen zur anderen. In dieser Ikone der zeitgenössischen Architektur wagte L'Arbre die Wiederbelebung französischer Traditionen der Gastronomie. Sie gelingt aufs Köstlichste – denn Charles Fontes ist der Küchenchef des Sternerestaurants „La Réserve Rimbaud" in Montpellier und Éric Cellier der Co-Chefkoch der „Maison de Lozère".

Auf 56 Meter Höhe blitzt auch das Wahrzeichen der Kapitale aus dem Häusermeer, mit der die Erweiterung des Stadtgebietes Richtung Süden begann. Denn das Ziel ist klar: Montpellier will ans Mittelmeer. Das zeigen seine Stadtentwicklungsstrategien. Nachhaltig und innovativ will Montpellier wachsen. Dies zeigt sichtbar auch das Hôtel de Ville. Seit 2011 erhebt sich das Rathaus der Metropolregion als leuchtend blauer Kubus aus einem Wasserbecken mit Schilf- und anderen Pflanzen, die das Regenwasser auffangen und das Brauchwasser klären, klotzig im neuen Stadtviertel Port Marianne.

Le Nuage

Ebenfalls in Port Marianne errichtete Frankreichs Stararchitekt Jean Nouvel mit dem „RBC" ein Designcenter für alle vom Kind bis zum Greis, vom Profi bis zum passionierten Laien. Wenig weiter hat Philippe Starck als zweiter berühmter Franzose mit „Le Nuage" ein etwas anderes Sportzentrum auf 3000 Quadratmetern entworfen. Schwimmbad, Fitnesscenter, Restaurant und Geschäfte verstecken sich in einem Gebäude, das mit riesigen Kissen aus dreifachen, transparenten ETFE-Folien verkleidet ist. Das lässt den Betonbau, zumindest optisch, wattig weich und weiß wie eine Wolke aussehen.

Auch außerhalb des Quartier Richter und des Port Marianne lockt erstaunliche Architektur in der Stadt. Im Nordosten schuf Zaha Hadid mit den „Pierres Vives" bereits 2012 lebende Steine, die eher einem Baum aus hellem Beton, Aluminiumprofilen und grünem Glas ähneln. Gegenüber vom Bahnhof Saint-Roch erhebt sich seit 2020 der Belaroïa-Komplex. Das Juwel schuf Manuelle Gautrant. Und damit die einzige Französin, die mit einem europäischen Architekturpreis ausgezeichnet wurde.

Die lebendigen Steine von Zaha Hadid

INFO

Lage:

- L'Abre Blanc: Place Christophe Colomb, 34000 Montpellier, *larbreblanc.net*
- Hôtel de Ville: 1, Place Georges Frêche, 34000 Montpellier
- RBC Montpellier: 609 Avenue de la Mer-Raymond Dugrand, 34000 Montpellier
- Le Nuage: 769, Avenue de la Mer-Raymond Dugrand, 34000 Montpellier, *le-nuage.fr*
- Les Pierres Vives: 907, Rue du Professeur Blayac, 34080 Montpellier, *pierresvives.herault.fr*
- Belaroïa: 11, Rue Pagezy, 34000 Montpellier, *belaroia.fr*

Hinweis: Noch mehr neue Architektur stellt auf Französisch und Englisch die App „Montpellier Contemporain / Montpellier NOW" für iOS und Android vor. 24 Audiobeiträge, Karten und Fotos begleiten die Spaziergänge durch die neuen Viertel der Stadt; *marc-r.com/montpellier-contemporain*

30. Lac de Montbel: Karibik mit Pyrenäen-Blick

Er ist die Karibik von Ariège: der Lac de Montbel. Seine Strände haben mit ihrem grauen Sand oder groben Kies den Namen nicht so recht verdient, aber sein Wasser leuchtet fast überirdisch schön in intensivem Türkisblau. Und wer den Fuß hineinsteckt, erlebt keinen erfrischenden Schock wie sonst in vielen Seen des Südens, die Gebirgsflüsse speisen. Sondern taucht ein in badewarme Fluten.

Bis zu 28 Grad warm ist der Lac de Montbel in manchen Sommern und weckt karibische Gefühle vor den eisigen Spitzen des Pyrenäen-Hauptkammes, der den Horizont begrenzt. Mit seinen zahlreichen ausgefransten Buchten erstreckt er sich 400 Meter hoch über dem Meeresspiegel im Nordosten des Départements Ariège zwischen den Gemeinden von Léran und Montbel.

Ein winziger Abschnitt im äußersten Osten indes gehört zur Gemeinde Chalabre – und damit zum Département Aude. Wälder

Im Sommer karibisch blau: der Lac de Montbel

Der Stausee-Pegel am Lac de Montbel

und Felder umgeben die 5,5 Quadratmeter große Spielwiese für Badenixen und Wassersportler, Familien und Pärchen, die hier noch viele versteckte Plätzchen finden. Wenn sie nicht schon die Aussteiger oder Angler entdeckt haben, die im Gebüsch ihr Biwak aufgeschlagen haben und unerlaubt wild campen.

40 Meter tief ist der See an seiner tiefsten Stelle, und er ist kein natürlicher See, sondern von Menschen geschaffen. Bereits in den 1970er-Jahren gab es erste Überlegungen zum Bau eines Staudamms. Doch erst nach einer großen Dürre und langen Umweltverträglichkeitsstudien begannen die Arbeiten, die 1985 endeten und 22 Millionen Francs, rund 3,4 Millionen Euro, verschlangen. Drei Dämme im Nordwesten stauen seitdem den Hers-Vif. Sein Name verrät seinen Charakter: „Vif" bedeutet „lebhaft" – und das ist der Fluss, der bei Prades entspringt, besonders im Winter und Frühling. So hat 1289 im Spätfrühling eine Flutwelle des Hers-Vif die Stadt Mirepoix nahezu vollständig zerstörte. Seitdem heißt der Hers-Vif auch Grand Hers.

Seine Fluten füllen im Winter und bis zum Ende der Schneeschmelze im Frühjahr den Stausee randvoll auf. Im Sommer und Herbst werden mit dem Wasser die Ebenen des Lauragais und der Ariège auf rund 28.000 Hektar bewässert. Das lässt den Wasserspiegel im Laufe des Sommers sehr sichtbar sinken ... und seine Fluten immer wärmer werden.

Lac de Montbel

Doch trotz der paradiesischen Lage und einer atemberaubenden natürlichen Schönheit ist der Lac de Montbel touristisch kaum erschlossen. Einzig in Léran und Montbel gibt es eine kommunale „Base de loisir“, und damit einen Freizeit- und Ausflugsbereich mit offiziellen Badestränden, Erlebnis- und Wassersportangeboten sowie rudimentärer touristischer Infrastruktur mit Sanitäranlagen, Parkplätzen und kleiner Restauration.

Von Juni bis September herrscht dort Trubel. Das restliche Jahr liegt der See verlassen da, und selbst auf dem Rundweg um den Lac de Montbel sind nur selten Wanderer unterwegs. So hat sich der See inzwischen auch in der Vogelwelt einen festen Platz erobert. Zugvögel rasten am Lac de Montbel. Enten, Lappentaucher und Blässhühner überwintern auf dem See. Wie viele es sind, erfassen Ehrenamtliche der Nichtregierungsorganisation (NGO) International Wetlands regelmäßig bei Zählungen. Wer mag, wandert mit – und zählt mit.

INFO

Aktivitäten:

- Wanderung See-Runde: Am Parkplatz der Badestelle Montbel beginnt eine 15,5 Kilometer lange Rundwanderung um den See. Auf der rund vier Stunden langen Runde, die gelb markiert ist, eröffnen mehrere Dämme weite Ausblicke auf den See und sein Umland.
- Vogel-Zählung: Welche Wasservögel am und auf dem See leben, erfasst International Wetlands und freut sich über

alle, die die NGO darin unterstützen. Die Zählung dauert einen ganzen Tag; Termine gibt es hier: *ariegenature.fr*

- Klettern im Appy Parc: Mit insgesamt zwölf Parcours lockt der Kletterpark von Léran. Für bis zu 3-Jährige gibt es sogar einen Baby-Parcours! Route du Lac de Léran, 09600 Léran, Tel. +33 7 69 19 62 95, *appyparc.wixsite.com/appyparc*
- Segeln im Club de Voile des Rives de Léran: Der Segelclub verleiht nicht nur Segelboote (Opti, 420, Teddy und H16), sondern auch Kanus; 09600 Léran, Tel. +33 5 61 01 93 68 (nur April bis Oktober), *cvrl.fr*
- Parc des Jeux Gonflables: Jedes Jahr im Sommer blasen Valérie und Joseph Perrault ihre Spaßgeräte voller Luft und laden Kinder zum feucht-fröhlichen Spielspaß auf der 19 Meter langen Rutsche, im Bällebad, beim Happy Splash mit seinen Düsen und Wasserpistolen und vielen anderen feuchten Attraktionen; täglich 11 bis 21 Uhr, am Seeufer bei Montbel

Restaurants:

- L'Écume des Jours: schneller Service, gute Pizza und herzhafte Weltküche: Das Strandlokal ist beliebt – besonders, wenn samstagabends Live-Konzerte Partystimmung verbreiten; Mitte Juni bis Mitte September; 09600 Montbel, Tel. +33 6 79 58 18 89, *facebook.com/lecumedesjoursmontbel.valentin*
- La Crêperie du Lac: französische Pfannkuchen, süß oder salzig gefüllt, mit Blick auf den See; D28A, 09600 Montbel, Tel. +33 6 08 77 28 76, *creperie-de-montbel.alwaysdata.net*

Unterkünfte:

- Camping Montbel Le Fort: 25 einfache Stellplätze mit Pyrenäenblick; 09600 Montbel, Tel. +33 4 68 69 20 18, *camping.lefortmontbel09.over-blog.com*
- Camping La Regate: Dreisterne-Campingplatz mit 37 Stellplätzen, elf Chalets und zwölf Mobilheimen auf vier Hektar; Avenue Montjean Route du Lac, 09600 Léran, Tel. +33 5 61 03 09 17, *campinglaregate.com*

31. Brasserie du Quercorb: Das Craftbier der Katharer

Craftbier de luxe fließt bei der Brasserie du Quercorb aus dem Hahn, die Briten in Puivert gründeten. Die dortige Katharerburg ist die Berühmtheit des Ortes. Da die Zufahrt dorthin von Westen nach und von Osten vor dem Ort hinaufführt, ist die Mikrobrauerei bis heute ein Geheimtipp geblieben. So wie das kleine Museum, das nur einen Steinwurf vom Braukessel entfernt zum Besuch lockt.

Hier begann die Erfolgsgeschichte der BDQ.

„A Place in the Sun": Ohne die britische Channel-4-Lifestyle-Fernsehserie über den Versuch, eine „perfekte Immobilie" zu finden, gäbe es wohl bis heute keine Brasserie du Quercorb (BDQ). Doch Jane und Paul Bayliss hatten das englische Wetter satt, wollten dem Londoner Nebel entfliehen – und guckten begeisterten eine Sendung, die Immobilien in Südfrankreich vorstellte. Jane und Paul waren infiziert, begannen zu suchen, hängten ihre Medienjobs an den Nagel – und zogen ins Département Aude. Dort waren die begeisterten Biertrinker umgeben von Weinbergen. So sehr sie auch probierten: Kein Bier schmeckte ihnen damals. So kauften sie eine alte Werkstatt in Puivert und eröffneten 2009 die erste Mikrobrauerei des Départements. Zehn Jahre später war die Nachfrage so hoch, dass das Paar eine zweite Brauerei in Chalabre eröffnete und dort begann, in deutlich größerem Stil Bier zu brauen.

Der Schankraum

Inzwischen mehrfach mit Preisen bedacht, sind die beiden Engländer doch den Ideen und Zielen treu geblieben, die zu Beginn ihres Bier-Abenteuers stand: Bier mit natürlichen Zutaten zu brauen. Zwei Dutzend Craftbiere gehören heute zum Sortiment. Ein Viertel der Biere im Sortiment sind IPA, Indian Pale Ales, voll im Hopfen, aber gering im Alkohol. Jane und Paul lassen sich gerne von der Arbeit der Hefen überraschen, brauen fruchtige Sommerbiere und Lagerbiere. Und ähnlich wie bei den Winzern ringsum, lassen auch sie einige Biere im Barrique reifen. Sehr malzlastig sind das Vienna Lager und die Strong Ales der Brasserie du Quercorb. Perfekt zu den Speisen, die an beiden Standorten der Brasserie aus der Küche kommen, gehören die Stouts – von einem Vier-Prozent-Dry-Stout bis zu einem Neun-Prozent-Armagnac Aged Imperial. Wenn die Tour de France unterwegs ist, steht das „Velo Club" auf der Karte. Sein Alkoholgehalt entspricht der durchschnittlichen Steigung der wichtigsten Tour-de-France-Anstiege.

Zwei Dutzend Craftbiere werden hausgebraut.

Mit der Eröffnung des Brauhauses von Chalabre hat die BDQ, wie sie sich selbst gerne nennt, einen großen Schritt hin zur nationalen Marke gemacht. Mehr Charme als das große Brauhaus in Chalabre hat die kleine Brauereikneipe, in der alles begann. Und das nicht nur wegen der auch dort frisch gebrauten Biere, die im Einklang mit der Saison und den Events ganz unterschiedlich aus dem Hahn fließen. Sondern auch wegen toller Livemusik von Blues, Gypsy-Folk und Ska bis Outlaw Country. Noch mehr tobt die Stimmung nur, wenn bei den „Six Nations" Frankreich und England sich im Rugby gegenüberstehen!

Vor oder nach der Brauerei lockt Puivert gleich dreifach: Im Sommer mit Badevergnügen im See, das ganze Jahr hindurch mit einer imposanten Katharerburg und einem Museum, das Kultur und Handwerk der Troubadoure und Gewerke im Dorf vorstellt.

Das Château de Puivert ist eine wahrhaft filmreiche Festung. Die Verfilmung von „The Burning Chambers" von Kate Mosse wurden dort ebenso abgedreht wie „The Ninth Gate" (Die neun Pforten) von Roman Polanski mit Johnny Depp. Eine hohe Mauer mit sechs Türmen umschließt den 80 Meter langen und 40 Meter breiten Innenhof, der im Sommer Bühne ist für Freilichtkonzerte und andere Events.

Château de Puivert

Dudelsack, Flöte, Tamburin, tragbare Orgel, Streichfiedel, Psalterium, Laute und Rebec-Kleingeige: Mit diesen acht Instrumenten musizierten einst die Troubadoure an den Höfen Okzitaniens. Das Musée de Quercorb unten im Dorf hat sie nachgebaut und zeigt sie, neben anderem alten Handwerk, in seiner Sammlung. Bei Konzerten mit Troubadouren von heute begleiten sie wieder alte, dem Volk bis heute vertraute Weisen.

INFO

Lage: Die Brasserie liegt in Puivert direkt an der D117 von Perpignan nach Foix. Brasserie du Quercorb (BDQ) Taproom & Kitchen: 4, Route Départementale 117, 11230 Puivert, Tel. +33 677 92 56 89

Anreise:

- mit dem Auto: von Foix oder Perpignan auf der F117
- mit dem Bus: ab Quillan in 35 Minuten mit der Buslinie 409, die nur werktags verkehrt
- zu Fuß: Puivert ist eine Etappe auf dem 250 Kilometer langen Weitwanderweg Sentier Cathare (GR367) von Port-la-Nouvelle nach Foix.

Aktivitäten:

- Château Puivert: täglich 9 bis 19 Uhr; 11230 Puivert, Tel. +33 4 68 20 81 52, *chateau-de-puivert.com*
- Musée du Quercorb: Musik und Handwerkskunst des Quercorb, Mitte Juli bis August täglich 10 bis 19 Uhr, April bis Mitte Juli, September 10 bis 12:30 und 14 bis 18 Uhr, Oktober 14 bis 17 Uhr; 16, Rue du Barry-du-Lion, 11230 Puivert, *museequercorb.com*

Restaurant:

- Le Refuge Gourmand: Zur lokalen Küche in dem gemütlichen Lokal gibt es gratis auf der Terrasse die Aussicht auf die Pyrenäen, den See und die Katharerburg des Dorfes; 1, Lot la canelo, D117, 11230 Puivert, Tel. +33 4 68 69 85 67, *facebook.com/profile.php?id=100057417041125*

Unterkunft:

- Occitania Bed & Breakfast: Anaiya Sophia und Peter Wilson haben ihren Yoga Retreat verwandelt in das Oceania-Gästehaus und bieten dort Gästen, die in fünf rustikal-gemütlichen Zimmern wohnen, mit ihrer Firma „Sacred Tours" Ausflüge an zu Stätten mit einer ganz besonderen Aura – vom Pech de Bugarach bis nach Rennes-les-Châteaux; 2, Rue du Chemin des Rondes, Les Arnoulats, 11230 Puivert, Tel. +33 4 68 31 15 26, *occitania367.com*

Website: *bdq.fr*

32. Domaine de la Salz: das salzige Herz

Im Herzen der Hautes-Corbières, auf 720 Meter Höhe, befindet sich ein Fluss, der nur 17 Kilometer lang ist. Und der dennoch ein ganz besonderer Wasserlauf ist. Das fängt bereits bei der Quelle an – ihre beiden Quelltöpfe bilden im Kies ein deutliches Herz. Und: Wer die Hand ins sprudelnde Wasser hält und kostet, entdeckt die zweite Besonderheit des Flusses – La Sals ist ... salzig!

Das kleine Flüsschen schmeckt nicht nur dezent nach Salz, sondern richtig stark. Je nach Jahreszeit und Niederschlag ist La Sals (auch: La Salz) sogar doppelt so salzig wie das Mittelmeer. Bis zu 60 Gramm Natriumchlorid pro Liter kann ihr Salzgehalt betragen! Das Salz stammt aus einem 215 Millionen Jahren alten unterirdischen Salzstock. Die vielen Zuflüsse verwässern den Salzgehalt so sehr, dass er an der Mündung in die Aude bei Couiza gen null gesunken ist. Bereits im acht Kilometer entfernten Rennes-les-Bains ist er auf ein bis zwei Gramm pro Liter gesunken.

Die Salz entspringt in den Corbières.

Herzförmig: die Quelle der Salz

Salz war auch in Frankreich das weiße Gold des Mittelalters. Mit Salz wurden Fisch und Fleisch haltbar gemacht, die Wege im Winter gestreut – und wurde auch gezahlt. Bereits in der Antike gab es das „Salarium", das Säckchen Salz als Ehrensold. Der lateinische Ausdrucke wandelte sich in Frankreich zum „salaire", im Deutschen zum „Salär" – und steht in beiden Ländern für ein gutes Gehalt statt lauem Lohn.

Bereits 1286 hatte Frankreich eine Salzsteuer eingeführt. Diese „Gabelle" war verhasst – und führte immer wieder zu Volksaufständen. Verbunden mit der Salzsteuer war die Auflage, dass jeder Franzose im Alter ab acht Jahren jede Woche eine festgelegte Menge Salz zu einem festgesetzten Preis kaufen musste. Selbst Salz zu gewinnen, war dem Volk verboten. Salzgewinnung und Salzhandel lagen in der Hand des Staates.

Die Salzbauern und Salzsieder mussten ihr Salz an die „Greniers à sel" liefern, die staatlichen Salzspeicher. Was dort lagerte, verkauften staatliche Kontore – die Hôtels de la Gabelle – dann zu einem Preis, der um ein Vielfaches höher war als der Einkaufspreis. Verbunden mit der Salzsteuer spülte der Salzhandel viel Geld in die Kassen der Krone. Während der Französischen Revolution schaffte die Volksversammlung im Jahr 1794 das staatliche Salzmonopol ab. Doch schon 1825 kehrte es mit Napoleon wieder zurück.

Die junge Salz

Auch die Salzquelle der Sals stand unter staatlicher Kontrolle. Zwar durften benachbarte Bauern Salzwasser für ihren persönlichen Gebrauch entnehmen, doch wer dabei erwischt wurde, das durch Verdunstung gewonnene Salz zu schmuggeln, wurde hart bestraft. Im Laufe der Zeit wurde die Salzquelle im Wald so bekannt, dass der Staat ein Wachhaus errichtete, in dem staatliche „Gabelous" Gewinnung und Handel des Salzes kontrollierten. Noch heute werden Zollbeamte im Volksmund „Gabelous" genannt.

Das Wachhaus besaß im Osten ein Fenster. So konnte, bei schlechtem Wetter oder Kälte, die wertvolle Salzquelle auch von drinnen

Das einstige Wachhaus dient heute als Unterstand.

bewacht werden. Heute dient es als Unterstand bei schlechtem Wetter. Direkt am Fluss laden Holztische und Bänke zum Picknick.

Die Salzquelle ist bis heute im staatlichen Besitz. Sie umgibt ein 584 Hektar großes Gut, das heute ein beliebtes Wanderziel ist. Der Reichtum der Wälder ringsum machte die Domaine de la Salz auch zu einer Hochburg der Glasherstellung in den Corbières. Auch davon berichtet der Lehrpfad „Entre Sel et Verre", der mit acht Stationen in rund anderthalb Stunden die Salzquelle, die örtliche Glasherstellung sowie Flora, Fauna, Geografie und Geologie vorstellt.

INFO

Lage: Die Domaine de la Salz liegt in den Hautes-Corbières im Département Aude; 34, À la Métairie de l'Eau Sal, 11190 Sougraigne, Tel. +33 4 68 69 24 85

Anreise: Ab Sougraigne auf der D74 gen Osten, bis die Landstraße die Sals überquert. Wer nicht hier parkt, biegt hier ab in eine steile, teilweise sehr ausgefahrene und nicht asphaltierte Zufahrt zum rund 1,5 Kilometer entfernten Parkplatz an der Domaine de la Salz ab. Achtung: Schlaglöcher!

Aktivitäten:

- Wanderung zur Quelle: Wer gut zu Fuß ist, kann von Rennes-les-Bains und Cubières-sur-Cinoble zur Quelle der Sals wandern. Eine zweite, ebenfalls sehr schöne Wanderung zur salzigen Quelle beginnt am Col du Linas. Sie führt vom Parkplatz an der Passhöhe beim Pech de Bugarach in rund einer Stunde zur Domaine de la Salz.

Unterkunft/Restaurant:

- Le Jardin de la Sals: Nicole und François vermieten in Sougraigne vier kuschelige Gästezimmer. Wer dort logiert, schmaust abends bei der Table d'hôte gemeinsam mit den anderen Gästen; im Dorf, 11190 Sougraigne, Tel. +33 6 82 84 99 68, *instagram.com/lejardindelasals*

Website: *eau-salee-sougraigne.fr/index.php/le-domaine/la-sals*

33. Le Moulin: neues Handwerk im alten Textilwerk

Im Hochtal des Tech vereint Le Moulin des Arts et de l'Artisanat in Arles-sur-Tech auf faszinierende Weise das Industrieerbe von einst und das künstlerische Schaffen von heute. In der historischen Maschinenhalle lebt die Tradition des Textilstandorts weiter. In den umliegenden 18 Werkstätten entsteht Kreatives von heute.

Originalgetreu erhalten: die Webstühle

Les Grands Tissages d'Arles: So nannte Georges Camo seine Weberei. Sie brachte die Textilindustrie ins Hochtal des Tech, das Jahrhunderte lang nur Bergbau, Forst- und Weidewirtschaft gekannt hat. Camo wagte das Unterfangen nicht allein, sondern hatte mit Alexandre Anrich und den Brüdern Joseph und Léon Cantaloup tatkräftige wie finanzstarke Partner. 1913 nahm die Fabrik mit sechs Webstühlen und Flechtmaschinen die Produktion auf. Als Georges Camo und seine Partner zum Grande Guerre eingezogen wurden, wie die Franzosen den Ersten Weltkrieg nennen, übernahm Angèle Camo die Leitung. Und blieb auch an der Spitze, als die Männer zurückkehrten, andere Wege einschlugen. Madame wusste, was

Die einstige Textilfabrik birgt heute einen Kunsthandwerkerhof.

gefragt war. Sie erweiterte 1924 die Produktion von Haushaltsleinen und breiten Web- und Planenstoffen um Segeltuch und Stoffe und Tressen für Espadrilles. Tischwäsche, Meterstoffe und Sprungtücher exportierten Les Grands Tissages. Die Baumwolle dazu kam aus Ägypten und den Vereinigten Staaten, das Leinen von den Feldern vor der Haustür.

1949 richtete Madame Camo im ersten Stock der Textilfabrik eine Schneiderei ein. Dort nähten die Frauen aus dem Dorf Vorhänge, Taschen, Decken und Tischwäsche in leuchtenden Farben. Die berühmten Streifenstoffe kamen erst 1954 nach Arles-sur-Tech. Denn Ney László, der auf Madame Camo folgte, hatte in Arles in der Provence nicht nur seine Frau, sondern auch die Textiltradition der „Bayadère" entdeckt. Als Sonnenstoffe der Katalanen eroberten sie die Kaufhäuser von Paris und die Luxusboutiquen des Faubourg Saint-Honoré. Sogar Brigitte Bardot zeigte sich in den Streifenstoffen am Strand von Saint-Tropez. 1981 erwirtschaftete das Textilwerk mit 40 Mitarbeitern noch 30 Millionen französische Francs. 2002 standen die Webstühle still. Elf Jahre lang verfiel der

Backsteinkomplex, in dem alles so erhalten war, als wären Direktor und Belegschaft nur kurz fortgegangen. Welch ein Glück! Denn so konnte die Kommune, die 2011 Le Moulin erwarb, das Fabrikgelände als Schaufenster des Kunsthandwerks von einst und jetzt revitalisieren.

Hier die alten Maschinen aus Gussstahl und Eisen, fix und fertig vorbereitet, um sogleich das Weben wieder zu beginnen. Dort in 18 einstigen Arbeitsräumen die Ateliers der Kunsthandwerker. Ihre Vielfalt überrascht – und ist wie die Muster des „Bayadère" einem ständigen Wechsel unterworfen. Der Kunstschmied Simon Marill,

Auch im Garten wird Kunst gezeigt.

die Messerschmiede Aurélie Marquès und Morian Theuns, die Glaskünstler Karine und Jérôme vom Atelier Bulle de Verre sowie die Maler Jacques Maurin, Gérard Lopez und André Wintergerst stellen dort nicht nur aus, sondern arbeiten auch vor Ort und lassen sich dabei über die Schulter schauen.

Am Ende des Fabrikgeländes beschließt ein verwilderter Garten das einstige Fabrikgelände. Zwischen hohem Gras, wilden Blüten und alten Bäumen erheben sich Skulpturen aus Holz, Metall und Glas. Auch das Grün dient als Kreativraum und Ausstellungsfläche. Direkt am Eingang sind in einer Boutique Werke all jener Gastkünstler und Kreativen erhältlich, die kein Atelier in Le Moulin haben. Vor der Boutique stehen ein paar Tische und Stühle auf dem Kopfsteinpflaster: eine kleine Oase, die zum Bleiben verführt – bei einem Kaffee, Wasser oder Wein.

INFO

Lage: Le Moulin liegt am Rand der Altstadt von Arles-sur-Tech im Tal des Tech der Pyrénées-Orientales, 43 Kilometer von Perpignan entfernt; Le Moulin des Arts et de l'Artisanat, Rue du 14 Juillet, 66150 Arles-sur-Tech, Tel. +33 7 83 07 55 98

Anreise:

- mit dem Auto: Das Tal des Tech erschließt die Departementsstraße D115.
- mit der Bahn: Die nächste Bahnstation befindet sich in Ille-sur-Têt, 25 Kilometer.
- mit dem Bus: Ein-Euro-Bus ab Perpignan, Linie 530, *lio-occitanie.fr/horaires-et-plans*

Restaurant:

- Els Simiots: Im Volksglauben der Pyrenäen ist El Simiot ein böses Wesen, halb Mensch, halb Affe, das im Mittelalter in der Umgebung von Arles wütete. Richard indes ist ein sehr charmanter Koch, der aus regionalen Zutaten, die oft bio sind, köstliche Gerichte zaubert, die gerne auch die katalanischen Wurzeln zitierten. Im Sommer veranstaltet der „Cave-Resto" samstags Live-Konzerte! 2, Rue de la Place, 66150 Arles-sur-Tech, Tel. +33 4 68 36 45 24, *facebook.com/elssimiots?ref=br_rs*

Website: *facebook.com/p/Le-Moulin-des-Arts-et-de-lArtisanat-100063547542249*

Hinweis: Von Le Moulin des Arts et de l'Artisanat in Arles-sur-Tech lädt der „Sentier des arts et de-l' artisanat" als „Voie verte" abseits vom Verkehr zur Entdeckungsreise auf den Spuren der Kunsthandwerker.

34. Saint-Martin-du-Canigou: Auszeit am heiligen Berg

2784 Meter hoch ragt der Canigó (französisch: Canigou) auf der Grenze von Frankreich zu Spanien in den Himmel und eröffnet von seinem Gipfel grandiose Ausblicke über die Ebene des Roussillon hin zu den Mittelmeerstränden. Heute ein Grenzberg, lag die östlichste hochalpine Spitze der Pyrenäen einst im Herzen Kataloniens. Und dort ist er bis heute tief verwurzelt.

Er ist der Identitätsstifter der Katalanen. Und der Rückzugsort für alle, die in Stille und Natur im Benediktinerkloster Saint-Martin-du Canigou neue Kraft im Glauben und der Spiritualität schöpfen wol-

Die Abteikirche

Die Abtei Saint-Martin-du-Canigou im Massiv des Canigou

len. Der Canigó ist der heilige Berg der Katalanen. Kurz vor dem Mittsommer feiern sie dort alljährlich die „Trobade"; am Johannistag, am 24. Juni, klettern sie auf seinen Gipfel, beladen mit Holz und Botschaften der Hoffnung und des Friedens. Am Vorabend von St. Johannes (San Jordi/Saint-Jean) bringt einer der Wanderer die Flamme zurück, die traditionell im Castillet von Perpignan in einer Öllampe aufbewahrt wird und seit 1964 nicht erloschen ist! Mit dieser Flamme entzündet er um Mitternacht auf dem Gipfel das Feuer des Canigou. Sein Licht strahlt bis in die Häuser des Conflent und im Süden Katalonien. Nach einer Nacht auf dem Gipfel bringen die Wanderer die Flamme in ihre Dörfer und speisen damit das Feuer zu San Jordi, das Anlass ist für ein großes katalanisches Volksfest.

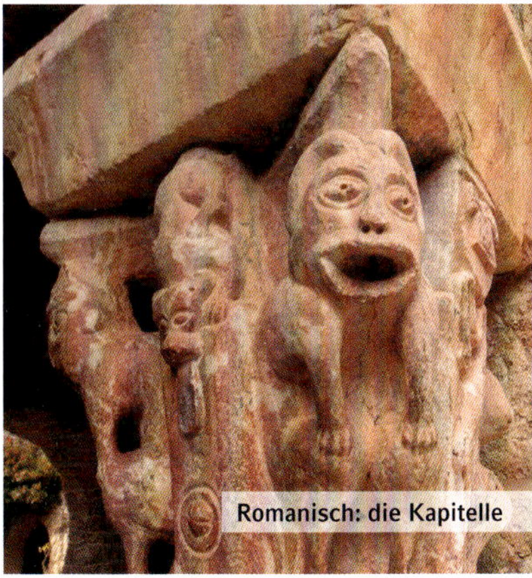

Romanisch: die Kapitelle

Nicht erst als politisches Symbol der Einheit Kataloniens hat der Berg seinen festen Platz im Herzen der Katalanen. Er ist für sie seit jeher der Mutterberg

Monster und Menschen

und Symbol der Fruchtbarkeit, der mit dem Wasser, das von ihm fließt, die Obstgärten in der Ebene des Roussillon bewässert. Kirchen, Kapellen und Klöster erbaute die Kirche an seine Flanken. Doch keine Stätte des Glaubens ist bis heute so abgelegen wie das Adlernest Saint-Martin-du-Canigou mit seinem Glockenturm im lombardischen Stil. Nur zu Fuß kommt man von Casteil dorthin. Eine Stunde geht es steil bergauf.

Dass es die Abtei überhaupt noch gibt, die im Auftrag von Grafen Guifred und seiner Gemahlin Guisla ab 997 errichtet worden

„Höre, Gott spricht in der Stille"

Der Kreuzgang

war, die dort bestattet werden wollten, grenzt an ein Wunder. Zwar blühte das Kloster im 11. Jahrhundert, als Christen vor dem Islam dorthin flüchteten, doch als sich die geopolitische Lage im 12. Jahrhundert änderte, begann auch der Niedergang. Um 1870 war die Abtei nur noch eine malerische Ruine, die die Romantiker faszinierte. Kupferstiche und Dichtungen machten die Abtei so berühmt, dass der Bischof von Perpignan im Jahr 1902 die Ruine kaufte und eigenmächtig mit Helfern und Freunden wieder aufbaute. Erst zehn Jahre später wurde das Denkmalschutzamt aufmerksam und beaufsichtigte die Restaurierung. Heute ist Saint-Martin wieder ein Kloster. Doch leben hier nicht mehr wie einst die Benediktiner streng nach der Ordensregel „Ora et labora“, sondern ein bunt gemischtes Völkchen aus Priestern und Schwestern, Ledigen und Paaren: eine „Gemeinschaft der Seligpreisungen“, entstanden nach dem Zweiten Vatikanischen Konzil. Gemeinsam ist ihnen das kontemplative Gebet – und das Engagement bei apostolischen und missionarischen Aktivitäten.

Dazu gehört auch das Eintauchen in ihre Lebenswelt bei einer Auszeit in ihrer Abtei. Für Ausflügler und Wanderer gibt es regelmäßige Führungen, für alle, die geistige Stärkung suchen, eine „Halte spirituelle". Bei einer solchen Auszeit auf Zeit tauchen die Gäste zwei bis sechs Tage völlig in die Lebenswelt des Klosters ein, nehmen am liturgischen Leben teil und besuchen mindestens zwei Mal pro Tag die Messe. Gemeinsam mit den Gläubigen des Klosters wird gebetet, gegessen, abgewaschen und gearbeitet. Eine Stunde tatkräftige Hilfe wird erwartet, mehr Unterstützung ist herzlich willkommen. Die restliche Zeit des Tages steht zur freien Verfügung und kann angefüllt werden mit Wanderungen, Meditationen, Lese- und Mußestunden und anderen kontemplativen Vergnügungen. Ruhe spüren, zu sich finden – und vielleicht auch zu Gott, so lautet das Angebot der Gemeinschaft. Jeder Gast gibt, was er zahlen kann. Oder möchte. Feste Tarife gibt es nicht.

Die Krypta

Eine Nonne bringt das Essen.

INFO

Lage: Die Abtei liegt auf 1094 Meter Höhe im Herzen des Canigou-Massivs in den Ostpyrenäen auf einem Felsvorsprung über dem Tal des Cady; Abbaye Saint-Martin-du-Canigou, 66820 Casteil, Tel. +33 4 68 05 50 03

Anreise:

- mit dem Auto: Von Perpignan führt die N116 nach Villefranche-de-Conflent, dann die D116 nach Casteil.
- mit der Bahn: Der nächste Bahnhof befindet sich in Villefranche-de-Conflet, 8,5 Kilometer. Dort hält der Train Jaune; *ter.sncf.com*
- mit dem Bus: Von Perpignan aus fährt die Bus-Linie 521 nach Casteil; *lio-occitanie.fr/horaires-et-plans*

Restaurant:

- Au Fil du Temps: köstliche Hausmannskost, serviert auf einer großen Terrasse unter alten Linden; 7, Boulevard de Saint-Martin du Canigou, 66820 Casteil, Tel. +33 9 52 33 00 96, *aufildutemps-casteil.fr*

Unterkunft:

- Hôtel Le Relais Saint-Martin: einfacher Landgasthof mit schlichten, ruhigen Zimmern und lokaler Küche – der Apfelsaft stammt aus dem Nachbarort; Chemin de l'Abbaye, 66820 Casteil, Tel. +33 4 68 96 69 97

Website: *stmartinducanigou.org*

35. Mas Larrieu: die wilden Dünen am Tech

Die Badeküste Okzitaniens liegt am Mittelmeer. Ab 1962 errichteten im staatlichen Auftrag dort renommierte Architekten moderne Ferienorte und schufen mit La Motte, Barcarès, Canet & Co. „la Floride française“. Doch tief im Süden der Pyrénées-Orientales, wo der Tech sich 84 Kilometer nach seiner Quelle am Roc Colomb (2507 Meter) nördlich von Argelès-sur-Mer ins Mittelmeer ergießt, bewahrt das Naturschutzgebiet Mas Larrieu die letzten Dünen des Roussillon.

Seit Juli 1984 schützt das Réserve naturelle nationale du Mas Larrieu auf 145 Hektar beiderseits der Mündung des Tech eine einzigartige Natur. Der Tech hat nicht nur die Besonderheit, das südlichste Einflussgebiet Frankreichs zu bilden, sondern ist auch ein Küstenfluss, der extrem hohe saisonale Schwankungen im Abfluss aufweist. Saisonale Schwankungen sind zwar auch typisch für andere Mittelmeerflüsse, bei denen die Starkregen im Herbst und Winter zu Hochwasser führen. Doch beim Tech kommt noch der Einfluss des Hochgebirges hinzu.

Der Weg zum Strand

Am Horizont: die Berge des Albères-Massivs

Er führt daher nicht nur im Dezember und Januar viel Wasser, sondern erneut auch im April und Mai, wenn die Schneeschmelze in den Pyrenäen seine Fluten steigen lassen und in tosendes Wildwasser verwandeln. Von Juni bis September wird der Tech immer zahmer. Seine Uferlinie sinkt, und an seiner Mündung schiebt die Brandung des Mittelmeers eine Sandbarriere auf, die der Fluss im Sommer nicht mehr brechen kann. Dann schüttet er nur 8,54 Kubikliter Wasser pro Sekunde aus. Im Winter jedoch können es bis zu 3000 Kubikliter pro Sekunde sein! Im Oktober 1940 wurde dieser Rekordwert in Céret gemessen.

Die Hochwasser veränderten das Bett des Tech. Und begruben vier Kilometer flussaufwärts nach fünf großen Überschwemmungen die romanische Kapelle Sainte-Eugénie de Tresmals unter zwei Meter Schwemmlandkalk. Wo heute der Tech ins Mittelmeer mündet, war einst alles vom Meer bedeckt. Wie weit der Golf von Roussillon ins Land reichte, verraten die fünf Millionen Jahre alten roten Tone aus dem Pliozän des ehemaligen Golfs von Roussillon.

Bunte Vielfalt auf der Düne

Das Naturschutzgebiet Mas Larrieu schützt drei sehr unterschiedliche Biotope: Strände, Schilfgürtel und Auwälder. Die Strände bestehen aus grobem Sand. Dahinter beginnen niedrige Wanderdünen, auf denen Binsen-Quecke, Strandhafer, Dünen-Zypergras, Stranddisteln, Strand-Wolfsmilch, Sandwinde und Strandlilien bis zu 40 Prozent der Oberfläche bedecken. Auf der restlichen Fläche liegt der Sand offen zu Tage. Und fegt all jenen, die sich am Strand sonnen, bei ablandigem Wind den Sand in die Augen. Hinter den Wanderdünen erstrecken sich flache Festdünen, die Kugeldisteln und Seetrauben erobert haben. Die kargen Böden liebt auch der Schminkwurz, auch bekannt als Färber-Alkanna. Früher ernteten die Einheimischen seine Wurzeln, um damit Kleidung und Lippen rot zu färben. Dort zu Hause ist ein besonders sonnenhungriges Reptil: die bis zu 65 Zentimeter lange Perleidechse. Ebenfalls ganz verliebt in den Sand ist die Kreuzkröte, die auch auf den deutschen Nordseeinseln im Dünenland daheim ist.

Vergänglich: die Sandbauten

Die Ufer des Tech säumen Schilfgürtel, in denen das Provence-Schilf bis zu drei Meter hoch aufragt. Wasserhühner, Bienenfresser und zahlreiche Möwenarten brüten, See- und Graureiher jagen dort.

Der Auwald bildet einen Korridor entlang des Flusses. 42 Holzarten, darunter Feldahorn, Erle, Esche, Uferweide, Weißpappel und Schwarzpappel, wachsen dort. Insekten wie die Feuerlibelle mit den signalroten Körpern der Männchen und Vögel wie die Beutelmeise mit ihrer schwarzen Maske auf dem grauen Kopf fühlen sich in diesem Biotop wohl, das den Reichtum des Reservoirs besonders deutlich widerspiegelt.

INFO

Lage: Das Naturschutzgebiet liegt in den Pyrénées-Orientales nördlich von Argelès-sur-Mer beiderseits der Ufer des Tech.

Anreise:

- mit dem Auto: Von der D914 Elne – Argelès-sur-Mer die Ausfahrt 10 Richtung Taxo d'Avall nehmen. Ab dort der Beschilderung „Réserve naturelle nationale du Mas Larrieu" zu einem der Parkplätze des Reservats folgen; die Straße endet in einem Feldweg. Mehrere sandige Wege durchqueren das Reservat und führen zum Strand oder zur Mündung des Tech.
- mit der Bahn: Am sechs Kilometer entfernten Bahnhof von Argelès-sur-Mer halten die TER-Regionalzüge der SNCF; eine Fahrradmitnahme im Zug ist möglich; *ter.sncf.com*

Aktivitäten: Baden und sonnen. Direkt im Mündungsbereich des Tech sollten nur geübte Schwimmer sich ins Wasser wagen. Die Strömung wechselt dort rasch und kann sehr stark werden. Zudem sorgt der unterschiedliche Wasserdruck von Meer und Fluss für eine Barriere aus Sand und Steinen, die im aufgewühlten Wasser nicht zu sehen ist. An den Dünen liegt der FKK-Strand von Argelès. Anhänger der Nacktbadekultur, die intimere Plätzchen suchen, haben im Schilfgürtel private Refugien geschaffen.

36. Anse de Paulilles: Sprengstoff am Strand

Mit ihren stürmischen Kaps und versteckten Badebuchten ist die Purpurküste ein beliebtes Urlaubsziel. Doch mittendrin versteckt sich eine hochexplosive Strandperle: die Bucht von Paulilles – hier erinnert heute ein Museum an die Dynamitfabrik von Alfred Nobel.

Die einstige Dynamitfabrik

Bis 1870 war Paulilles ein winziger Weiler an der Côte Vermeille der Pyrénées-Orientales. Seine wenigen Einwohner lebten vom Fischfang. War die See dazu zu rau, widmeten sie sich dem Weinbau – wie all die anderen Menschen, die einst an der Purpurküste lebten und Jahrhunderte lang als Fischerwinzer ein karges Auskommen gefunden hatten.

Der Deutsch-Französische Krieg brachte 1870 indes eine folgenschwere Zäsur. Angesichts erster Niederlagen änderte Frankreich seine Militärpolitik und leitete grundlegende Reformen der Armeeorganisation und -ausstattung ein. So weit wie möglich von der deutsch-französischen Ostgrenze entfernt, wollte Léon Gambetta eine Sprengstofffabrik errichten.

Die Bucht von Paulilles

Der Gründervater der dritten Republik fand den geeigneten Standort kurz vor der spanischen Grenze mit der Bucht von Paulilles. Gen Norden begrenzt mit dem Cap Béar eine zerklüftete Felsnase mit roter Leuchtturmspitze die weite Bucht, an der im Januar 2009 mit 191 Kilometer pro Stunde die höchste Windgeschwindigkeit Frankreichs gemessen wurde. Gen Süden endet sie am Cap Oullestrell.

Damals waren die Bucht und ihr Hinterland kaum besiedelt. Der einzige Tiefseehafen der Pyrénées-Orientales, Port-Vendres, lag fünf Kilometer nördlich und sicherte den Vertrieb über das Mittelmeer. Die weite Bucht der Anse de Paulilles war in den Augen des Staatschefs daher der perfekte Standort. Der Staat kaufte dort 32 Hektar Land und betraute Paul Barbe als Vertreter von Alfred Nobel in Frankreich mit Aufbau und Leitung der Sprengstofffabrik.

1870 begann die Produktion in Paulilles. Schon bald arbeiteten 400 Menschen hier, fünf Generationen lang. Wurden anfangs 1000 Tonnen Dynamit hergestellt, kletterte die Nachfrage rasch, und die Produktion wuchs auf 4000 Tonnen im Jahr. Zum Einsatz kam das Dynamit von Paulilles unter anderem auch beim Bau des Panamakanals. Neben Dynamit wurden auch Nitroglyzerin und Munition in Paulilles gefertigt.

Die Arbeiter wohnten mit ihren Familien auf dem Gelände. Mit eigener Kirche, Schule und landwirtschaftlicher Kooperative war Paulilles nahezu autark und völlig abgeschottet vom Umland. Und ein äußerst gefährlicher Wohn- und Arbeitsplatz. Explosionen mit mehr als 30 tödlichen Unfällen geschahen dort. Ungleich höher ist die Zahl der Opfer, die Kontakt mit der Materie und deren Materialien hatten. Erst 1981 wurden ihre Schäden als Berufskrankheit anerkannt. Ab 1970 entwickelte sich der Dynamit-Markt rückläufig. Die Société nationale des poudres et des explosifs (SNPE) verkleinerte zunächst die Anlage und schloss sie schließlich 1984.

Ihr Erbe bewahrt heute ein Museum. Die Villa des Fabrikbesitzers wandelte sich zur „Maison du Site". Das Besucherzentrum birgt neben einer Ausstellung, die mit Schwarz-Weiß-Fotografien die Geschichte der Bucht erzählt, auch ein Café. Von Mai bis Oktober beginnen hier die Führungen. Der Garten des Fabrikdirektors birgt exotische Pflanzen aus vier Kontinenten. Als grüne Symbole verraten sie, wo in der Welt überall Dynamit aus Paulilles zum Einsatz kam. Vom Garten leitet eine Platanenallee vorbei an Weinbergen ins Herz der Sprengstofffabrik mit ihren Backsteinbauten und dem einstigen Wasserturm, der heute Panorama-Blicke auf die Bucht eröffnet. Ebenfalls hier zu finden ist das „Atelier des barques". In der kleinen Bootswerkstatt werden typisch katalanische Boote restauriert. Die knapp elf Meter lange Barke „Notre-Dame-de-Consolation" (1913) und die acht Meter lange Barke „Charlotte" von 1921 sind bereits fertiggestellt.

INFO

Lage: Die Fabrik in Paulliles liegt an der Côte Vermeille, der Purpurküste der Pyrénées-Orientales. D914, 66660 Port-Vendres, Tel. +33 4 68 95 23 40

Anreise:

- mit dem Auto: fünf Kilometer südlich von Port-Vendres an der D914; 260 kostenlose Parkplätze
- mit der Bahn: Die nächstgelegene Bahnstation ist Port-Vendres, dort halten TER-Regionalzüge der SNCF, Fahrradmitnahme möglich; *ter.sncf.com*

- zu Fuß: Der gelb markierte Küstenwanderweg „Sentier du littoral" von Argelès-sur-Mer nach Cerbère berührt Paulilles.

Aktivitäten:

- Atelier des barques, Juli/August täglich 9 bis 19 Uhr; Tel. +33 4 68 95 23 47, *ledepartement66.fr/dossier/le-site-classe-de-lanse-de-paulilles*

Restaurants:

- Les Clos de Paulilles: Die Winzerfamilie Cazes aus Rivesaltes folgt beim Anbau von Grenache, Syrah und Mouvèdre auf ihrem 65 Hektar großen Weinberg an der Bucht Rudolf Steiners Biodynamik. Neben Kellereibesichtigung und Verkostung lädt ein Restaurant zum Schlemmen zwischen Berg und Bucht (Mittwoch bis Sonntag); Paulilles, 66660 Port-Vendres, Tel. +33 4 68 81 49 79, *lesclosdepaulilles.com*
- Sole Mio: einfaches Strandlokal mit köstlicher mediterraner und katalanischer Küche und Cocktailbar am Badestrand Plage de Bernardi der Bucht von Paulilles. Wer nicht auf der Terrasse am Strand oder in der schattigen Pergola isst und trinkt, kann sich an der Buvette mit Wein, Eis und Imbissen für ein Picknick versorgen; Plage de Bernardi, Paulilles, 66660 Port-Vendres, Tel. +33 4 68 82 35 62, *solemio-restaurant.com*

Unterkunft:

- Domaine de Valcros: 200 Meter vom Strand entfernt laden Véronique und Louis zur ruhigen Nacht auf ihrem alten katalanischen Weingut, das aus Syrah, Grenache und Mourvèdre vor Ort Rotweine herstellt, die ab Hof erhältlich sind. Neben drei einfachen Doppelzimmern gehören auch ein Studio und eine Ferienwohnung für drei bis acht Personen zum Urlaubsangebot des Hofes; Domaine de valcros, Paulilles, 66660 Port-Vendres, Tel. +33 468 82 04 27, *www.domainedevalcros.com*

Website: *tourisme-pyreneesorientales.com/site-classe-de-lanse-de-paulilles*

37. Die heissen Quellen in der Heimat der Têt

Dort, wo die iberische Platte auf den eurasischen Kontinent getroffen ist, schob die Kontinentalkollision vor rund 55 Millionen Jahren die Pyrenäen empor. Seitdem sprudeln viele heiße Thermalquellen nördlich der Berge. Und besonders viele im Tal der Têt, wo einige der schönsten Badeplätze inmitten wilder Bergnatur zu finden sind.

Entlang des Têt-Tals steigen die heißen Wasser mit Temperaturen von weit über 40 Grad Celsius in einer Verwerfung auf, die oft mit dem Tal übereinstimmt. Nur drei dieser Badeplätze sind kommunale Bäder. Die restlichen Thermalquellen sind Nordkataloniens Antwort auf Japans berühmte Onsen und versteckte Plätze, an denen gerne auch nackt gebadet wird.

Sehr heiß: die Quellen von Prats-Balaguer

Den Auftakt im Tal der machen die wilden Quellen von Canaveilles, die – streng genommen –auf dem Gemeindeland von Nyer liegen. Im Défilé des Graus sprudeln sie heiß, sehr, sehr heiß mitten hinein in den Gebirgsfluss. Das ist perfekt, denn die Têt kühlt so in den aus Steinen aufgeschichteten Badebecken das 60 Grad Celsius heiße Thermalwasser auf Badetemperatur ab. Auch mitten im Dorf Canaveilles sprudelt Thermalwasser – allerdings nur als kleine Zapfstelle. Baden lässt es sich an dieser Stelle nicht! Weiter die Têt flussaufwärts hat Efeu die Ancien Therme de Thuès überwuchert. Das einstige Kurbad für Thuès ist ein verwunschener Platz. Doch aus dem Schlauch am Hahn fließt noch immer heißes Thermalwasser in eine alte, ros-

Selbst eine Wanne steht noch im verlassenen Kurbad von Thuès.

tige Wanne. Das einstige Badebecken haben Graffitikünstler und Sprayer für sich entdeckt.

Bei Fontpédrouse sprudelt die Grande Source auf 1300 Meter Höhe, mitten im Wald, kraftvoll mit 58 Grad Celsius aus der Tiefe empor. Viele Jahrhunderte lang kannten nur die Dörfler die große Quelle. Erst Mitte des 19. Jahrhunderts legte die Kommune mitten in der Wildnis dort eine Thermalbadeanstalt an. Auch sie blieb eher ein Insidertipp. Und bis heute, obgleich 1988 ausgebaut und erweitert, sind die Bains de Saint-Thomas meist nur den Einheimischen bekannt. In zwei Außenbecken aalen sie sich dort selbst im Winter bei Schnee und genießen die Quellen, die zu den wärmsten Wassern der Pyrenäen gehören. Im alten Badehaus, ebenfalls modern verjüngt, ergänzen Dampfbäder mit Farbtherapie und Watsu das Wellnessprogramm, Shiatsu im Wasser. Ganz in der Nähe der Bains Saint-Thomas sprudelt eine ebenfalls sehr heiße Quelle aus dem Fels empor. In Prats Balaguer bildet ihr bis zu 70 Grad Celsius heißes Thermalwasser einen kleinen Bach, der in mehrere Becken aus geschichteten Steinen umgeleitet wird. Dabei kühlt es ab. Zu Beginn dieser kleinen, handgebauten Badeanlage ist das Wasser noch recht heiß.

Am Oberlauf der Têt beginnt das Hochplateau der Cerdagne. Dort aalten sich bereits die Römer auf fast 1500 Meter Höhe in Thermalwasser, das an einem gen Süden ausgerichteten Berghang mit 40 bis 42 Grad Celsius aus der Tiefe sprudelt. Als Freiluftbäder verbinden die Bains Romains de Dorres die wohltuende Wärme und Wirkung des Thermalwasser mit grandiosen Blicken auf die beiden höchsten Bergspitzen der Pyrénées-Orientales: hier der Puigmal (2913 Meter), dort der Carlit (2921 Meter), an dessen Flanken die Têt entspringt. Die Bains de Llo haben einen Vital-Parcours mit

Sprayer haben die Therme von Thuès als Bühne entdeckt.

acht Stationen angelegt. Er beginnt im Freien am 35 Grad Celsius warmen Schwimmer-Becken. Danach geht es in ein gleichwarmes Sprudelbad und ein Entspannungsbad mit Massageliegen. Mit Aquamusik lockt das 37 Grad Celsius warme untere Becken. Drinnen vollenden ein 37 Grad Celsius warmer Jacuzzi sowie Hammam, Sauna und Ruheraum die Wellnessrunde.

INFO

Lage: Die heißen Quellen folgen im Groben dem Tal der Têt und säumen bis zum Hochplateau der Cerdagne in den Pyrénées-Orientales die katalanischen Pyrenäen.

- Bains de Saint-Thomas: Aygue Calente, 66360 Fontpédrouse, Tel. +33 468 97 03 13, *bains-saint-thomas.fr*
- Bains de Dorres: Carrer Dels Banys, 66760 Dorres, Tel. +33 4 68 04 66 87, *bains-de-dorres.com*
- Bains de LLo: Route des Gorges, 66800 Llo, Tel. +33 4 68 04 74 55, *bains-de-llo.com*

Anreise:

- mit dem Auto: Das Tal der Têt erschließt die Nationalstraße N116.
- mit der Bahn: Von Villefranche-de-Conflent aus fährt der Train Jaune mit offenen und geschlossenen Waggons das Tal der Têt entlang und über das Hochplateau der Cerdagne vorbei am höchstgelegenen Bahnhof Frankreichs in La Bolquère (1593 Meter) bis nach Latour-de-Carol; *ter.sncf.com*

Unterkunft:

- Le Grand Hôtel: Nördlich von Pradel mündet die Castellane in die Têt. Am kleinen Fluss liegt in Molitg-les-Bains die Wiege von Biotherm. Direkt mit den dortigen Thermenanlagen ist dieses traditionsreiche Grandhotel verbunden mit 38 geräumigen wie komfortablen Zimmern mit katalanischem Flair und gesunder „Cuisine santé nature“, die Dreisternechef Michel Guérard für den Chef-de-cuisine des Hotels, Paul Chau-Phat, entwickelt hat; 143, Chemin des Bains, 66500 Molitg-les-Bains, Tel. +33 4 68 05 00, *grandhotelmolitg.com*

38. LLÍVIA: SPANIENS ENKLAVE IN OKZITANIEN

Mitten in Okzitanien versteckt sich im Osten der Pyrenäen seit mehr als 300 Jahren eine katalanische Enklave auf französischem Boden: Llívia. Zwölf Quadratkilometer ist sie groß. Ihre Existenz verdankt sie einem unaufmerksamen französischen Unterhändler, der nicht genau hingeschaut hatte ...

24 Jahre lang, von 1635 bis 1659 hatten Kriege zwischen Spanien und Frankreich geherrscht. Frieden schuf erst der Traité des Pyrénées, den die beiden Staaten auf der Fasaneninsel mitten im baskischen Grenzfluss Bidasoa bei Irún am 7. November 1659 unterzeichneten.

Darin trat Philipp IV. von Spanien nach seiner Niederlage nicht nur Flandern, Luxemburg und den Hennegau an Frankreich ab, sondern auch Gebiete, die nördlich des Hauptkammes der Pyrenäen lagen. Es handelte sich dabei um drei katalonischen Comarcas: Rosselló, Vallespir und Cerdanya. Der Pyrenäenvertrag besiegelt seitdem die Spaltung Kataloniens.

Die Església de la Mare de Déu dels Àngels

Plaça Major

In der Cerdanya regelte der Vertrag, dass 33 spanische Dörfer an Frankreich fallen sollten. Doch: Llívia war kein Dorf, sondern hatte 1528 von Karl V. die Rechte einer Kleinstadt erhalten. Darauf pochte Llívia 1659 – und widersetzte sich der Neuordnung. Seitdem ist Llívia eine spanische Enklave auf französischem Boden. Und seit der Antike ein strategisch wichtiger Verkehrsknoten. Die Strata Ceretana führt durch Llívia nach Lleida. Die Strata Confletana verband Llívia mit der antiken Hauptstadt der Provincia Gallia Narbonensis, Narbonne. Gegründet worden indes sei Llívia bereits lange vor den Römern – und zwar von keinem Geringeren als dem Halbgott Herakles, der in Llívia Rast gemacht haben soll, nachdem er die Rinder des Riesen Geryon gestohlen hatte.

Die antiken Fernverbindungen sicherte in Llívia eine römische Festung. Bis heute sind die Reste des Kastells Iulia Lybica, das auf einem Hügel über Llívia thront, dort sichtbar. Ebenfalls erhalten sind die Fundamente eines römischen Fourms. Seinen Namen „Llívia" soll der Ort von Julius Cäsar erhalten haben, der ihm die Gemeinderechte verlieh. Llívia wuchs, blühte und stieg zum Hauptort des Hochtals, im 8. Jahrhundert sogar der gesamten Cerdanya auf. Vier Jahrhunderte später musste Llívia diese Funktion an

Das Stadtmuseum

Puigcerdà abgeben, das im Jahr 1177 zur offiziellen Hauptstadt der katalonischen Comarca bestimmt wurde.

Tiefer einsteigen in die Stadt- und Regionalgeschichte kann man im Stadtmuseum, das in einem der Verteidigungstürme der alten Stadtmauer residiert. Zu seinen Schätzen gehört auch das Inventar der Farmàcia Esteve. Die bereits 1415 gegründete Apotheke gehörte bis zum Umzug ins Museum zu den ältesten Pharmazien Europas. Seitdem sind dort ihr Ladentisch und ihr Labor, ihre Tiegel, Mörser und alten Bücher zu bewundern. Selbst der barocke Giftschrank fehlt nicht!

Neben dem Museum erhebt sich seit dem 15. Jahrhundert die Pfarrkirche Nuestra Señora de los Ángeles. Insgesamt zehn Stationen umfasst der markierte Rundweg durch das alte Herz von Llívia. Durch schattige Gassen mit wuchtigen Natursteinhäusern führt er zu lauschigen Plätzen wie der Plaça Major, dem Hauptplatz der Altstadt mit beliebten Cafés und Restaurants. Heiligenfiguren und Madonnen verstecken sich in Nischen und Erkern, Geranien, Begonien und andere Blüten leuchten üppig auf dem alten Stein. Hier und da plätschert ein Brunnen.

Eine malerische Kulisse, ganz anders als die wuchtigen Bauten an der Hauptverkehrsstraße. Dort künden jeden Sommer große Banner von dem Event des Jahres: Seit 1981 feiert Llívia in der Kirche von Nostra Senyora dels Àngels ein Musikfestival mit Werken von Bach, Mozart und anderen berühmten Klassik-Komponisten, bei dem auch die prachtvolle Orgel von Gabriel Blancafort erklingt.

INFO

Lage: Llívia liegt im weiten Hochtal der Cerdagne als Enklave Spaniens im französischen Département Pyrénées-Orientales.

Anreise:

- mit dem Auto: Von Frankreich aus führen aus Osten und Nordosten die N116/D33 nach Llívia, von Westen die N20 und D68. Von Spanien aus ist Llívia auf der N152, N154 und D68 zu erreichen.
- mit der Bahn: Der nächstgelegene Bahnhof befindet sich in Latour-de-Carol-Enveitg, neun Kilometer. Dort hält der Train Jaune, der gelbe Zug der Cerdagne-Linie; *ter.scnf.com*
- mit dem Bus: Zwischen dem fünf Kilometer entfernten Puigcerdà und Llívia pendelt täglich ein Bus; *llivia.org*

Restaurant:

- Can Ventura: köstliche katalanische Küche am zentralen Platz der Altstadt – im Winter in einem stilvoll-gemütlichen Speisesaal mit Holzdielen und altem Gebälk, im Sommer draußen auf der Terrasse; Plaça Major 1, E-17527 Llívia, +34 9 72 89 61 78, *canventura.com*

Unterkünfte:

- Set Terres – La Vil la de Llivia: Adults only: Nur, wer über 18 Jahre alt ist, darf in diesem sehr eleganten Gästehaus mit sieben modern wie edel gestylten Zimmern schlafen, das in einem Naturstein-Landsitz aus dem Jahr 1772 residiert; Carrer de Puigcerdà 8, E-17527 Llívia, Tel. +34 9 72 89 64 99, *setterres.com*
- Hotel Bernat de So: 21 modern-komfortable Zimmer, dazu ein großer Garten mit Pool, Fahrradkeller und gute Küche: Das Dreisternhotel ist eine gute Basis für Aktive, die Skifahren und Wandern, Mountainbiken oder Radtouren direkt an der Hoteltür beginnen können. Ein kleine Hotelbibliothek gibt Tipps; Carrer de Cereja 5, E-17527 Llívia, Tel. +34 9 72 14 62 06, *hotelbernatdeso.com*

Die Bergspitzen der Pyrenäen (Ariège, Süden von Haute-Garonne, Hautes-Pyrénées)

Die Kirche von Ayet-en-Bethmale

Die Bergspitzen der Pyrenäen (Ariège, Süden von Haute-Garonne, Hautes-Pyrénées)

39. Arreau: bei den Unberührbaren
40. Aucun: Schieferperle des Val d'Azun
41. Naturpark Néouvielle: der Lac de l'Oule
42. Der Samstagsmarkt von Aspet: der Genuss der Berge
43. Mushing in den Pyrenäen
44. Bethmale: das Tal der Schnabelschuhe
45. Col du Pradel: wo der Gelbe Enzian wächst
46. Pamiers: der Friedhof der Vogelscheuchen
47. Donezan: das Klein-Kanada der Pyrenäen
48. Pays de Sault: Refugium auf der Höhe
49. Gâteau à la Broche: ein Kuchen wie eine Tanne
50. Col du Soulor: Biking & Birding

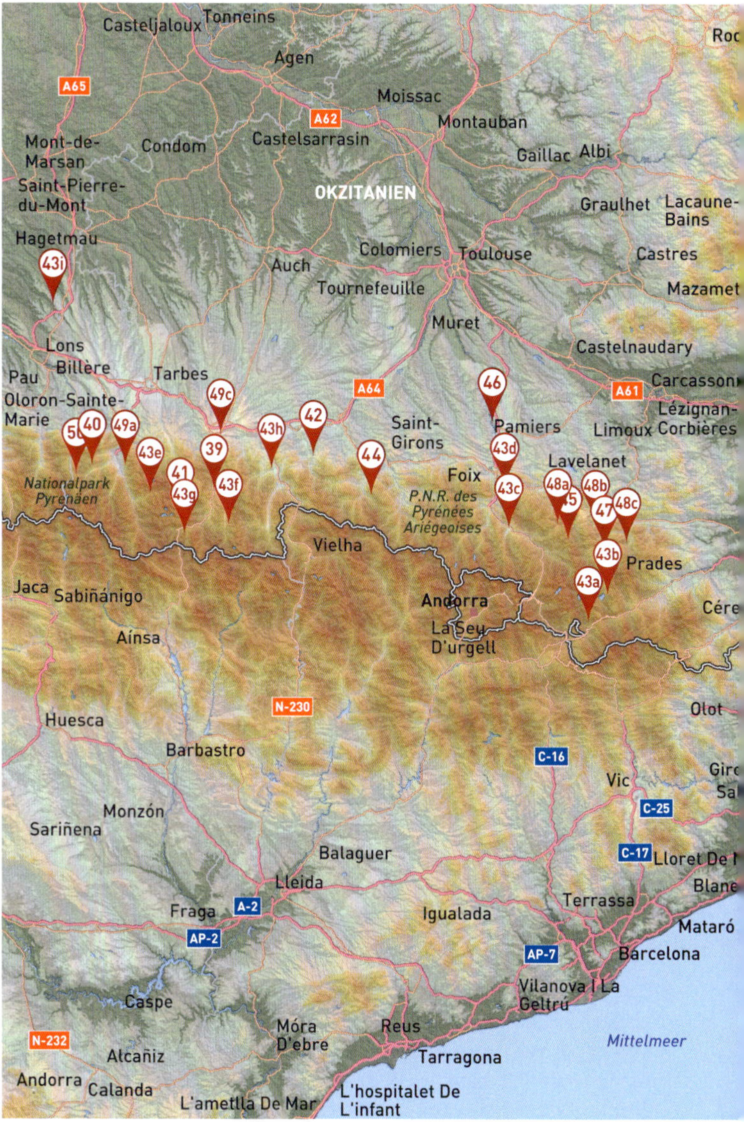

Casteljaloux
Tonneins
Agen
A65
Moissac
A62
Montauban
Mont-de-Marsan
Condom
Castelsarrasin
Gaillac
Albi
Saint-Pierre-du-Mont
OKZITANIEN
Graulhet
Lacaune-Bains
Hagetmau
Colomiers
Toulouse
Castres
43i
Auch
Tournefeuille
Mazamet
Muret
Lons
Castelnaudary
Pau
Billère
Tarbes
Carcasson
A64
A61
49c
46
Oloron-Sainte-Marie
Lézignan-Corbières
40
49a
42
Saint-Girons
Pamiers
Limoux
43h
43e
39
44
43d
Lavelanet
41
Foix
Nationalpark Pyrenäen
43g
43f
43c
48a
48b
47
48c
P.N.R. des Pyrénées Ariégeoises
Vielha
43b
Prades
43a
Jaca
Sabiñánigo
Andorra
La Seu D'urgell
Aínsa
N-230
Olot
Huesca
Barbastro
C-16
Vic
C-25
Monzón
Sariñena
C-17
Balaguer
Lleida
Terrassa
Fraga
A-2
Igualada
Mataró
AP-2
AP-7
Barcelona
Caspe
Vilanova I La Geltrú
Móra D'ebre
Reus
Mittelmeer
N-232
Alcañiz
Tarragona
Andorra
Calanda
L'ametlla De Mar
L'hospitalet De L'infant

39. ARREAU: BEI DEN UNBERÜHRBAREN

Im Tal von Arreau erinnert im Château des Nestes das Musée des Cagots an die Unberührbaren von Frankreich. Die kleinwüchsigen Cagots sind vermutlich die letzten Nachfahren der Westgoten, die von 418 bis 507 einst in Toulouse ihre Hauptstadt hatten. Jahrhunderte lang an den Rand der Gesellschaft gedrängt, sind die Cagots bis heute eine rätselhafte Minderheit.

Skulptur eines Cagots

Vom 13. bis weit ins 19. Jahrhundert wurden sie massiv diskriminiert. Aussehen und Abstammung dieser Menschen, die vor allem im Einzugsgebiet der Pyrenäen lebten, waren so anders, dass sie höchstens als Haushaltshilfe oder Knecht beschäftigt wurden.

Vermutlich stammen die Cagots von den arianischen Westgoten ab. Nach der Niederlage gegen Chlodwig im Jahr 507 mussten sie abseits vom Volk leben, waren sie doch die „Chien gots", gotische Hunde. Andere wiederum hielten sie für die Nachfahren der Sarazenen oder von im Baskenland eingewanderten Roma.

Runde Ohren ohne Ohrläppchen, eine weiße Gesichtsfarbe und Schwellungen an Kopf und Extremitäten machten es jedem leicht, sie zu erkennen. Ganz übel sollen sie riechen, berichtet der Volksmund der Pyrenäen, wo sie bei Voll- und Neumond Anfälle von Verrücktheit gezeigt haben sollen. Als Aussätzige waren die oft sehr kräftigen Menschen vom sozialen Zusammenhalt und gesellschaft-

Die Ausstellung zu den Unberührbaren

lichen Leben ausgeschlossen. Cagots sind Päderasten, Menschenfresser und Zauberer, war die Volksmeinung.

Die Kirchen durften sie nur durch separate, extra niedrige Eingänge betreten. Gitter trennten sie beim Beten vom übrigen Volk. Die Hostie reichte ihnen der Priester mit einem Stock. Die Diskriminierung blieb selbst nach dem Tod bestehen. Begraben wurden die Cagots grundsätzlich nur auf der kalten Nordseite der Kirche in eigenen, bescheidenen Friedhöfen. In Bentayou-Sérée, einem kleinen Dorf nahe der spanischen Grenze, ist noch eine solche Grabstätte der Unberührbaren erhalten.

Auch wohnen durften sie nur außerhalb der Dörfer in separaten Siedlungen. Dort richteten sie die Arbeiten aus, die niemand anderes machen wollte. Einzig das Zimmern war als Handwerk erlaubt. Bis 1605 lebten zahlreiche Cagots auch in Spanien. Als sie dort vertrieben wurden und Frankreich die Einreise verweigerte, flüchteten sie sich in unwegsame Pyrenäentäler. Dort erfuhr Kurt Tucholsky erstmals von ihnen.

„Im Tal von Argelès gab es viele, bei Luchon und im Distrikt Ariège. Heute sind sie fast ausgestorben, man muß schon sehr suchen, wenn man sie sehen will. Es sind nicht eigentlich Kretins – es ist eine allgemeine körperliche Verkümmerung, gegen deren Folgen sie zum Teil immun geworden sind." So Kurt Tucholsky (1927) in seinem Pyrenäenbuch.

Südlich von Tarbes finden sich die meisten ihrer spärlichen Spuren. In Montgaillard erinnert eine Rue des Cagots und ein separates Waschhaus an sie, war es doch den Cagots verboten, ihre Wäsche im gleichen Wasser wie die Einheimischen zu waschen. Besonders viele Cagots lebten im Tal von Arreau. Dort erinnert im Château des Nestes in der ersten Etage ein kleines Musée des Cagots an die geheimnisvollen kleinen Menschen. In einem Nachbartal erzählt Campan von einer ersten Annäherung und Integration. Als dort 1664 die Kirche und viele Häuser brannten, bat der Bürgermeister die Cagots um Hilfe. Die Aussätzigen bauten dort das Dorf wieder auf. In jenem Jahr wurden später die ersten gemischten Eheschließungen gefeiert.

Doch bis heute haben die Cagots mit Vorurteilen und Nachteilen zu kämpfen, sagt Marie-Pierre Manet-Beauzac aus Tarbes. Dieser Cagotte, wie die Frauen der Cagot genannt wurden, ist es zu verdanken, dass die Unberührbaren von Frankreich unvergessen sind.

INFO

Lage: Arreau ist ein südfranzösischer Ort im Département Hautes-Pyrénées.

Anreise:

- mit dem Auto: Mitten durch Arreau führt die D929.
- mit der Bahn: Arreau liegt an der Bahnlinie Lannemezan – Piau Engaly, die der TER Occitanie (SNCF) bedient, *ter.sncf.com*
- mit dem Bus: Arreau bedient die Keolis-Buslinie 963 Tarbes – Lannemezan – St Lary (Piau-Engaly), *lio-occitanie.fr/horaires-et-plans*

Aktivitäten:

- Musée des Cagots: Château des Nestes, 1, Rue Saint-Exupère, BP 20, 65240 Arreau, Tel. +33 5 62 98 63 15, *pyrenees2vallees.com/le-musee-des-cagots*
- Parcours Historique: Dort, wo die Täler von Aure und Lourdon, die Straße nach Spanien und die Route du Thermalisme sich kreuzen, hat Arreau seine alte Bausubstanz im Zentrum wunderschön erhalten – ein markierter „Parcours Historique" stellt es vor. Zu den schönsten Stadthäusern gehören die Maison des Lys aus dem 16. Jahrhundert und die Maison Féraud aus dem 18. Jahrhundert. Der Rundweg beginnt am Château des Nestes, das im Erdgeschoss das Office de Tourisme (Fremdenverkehrsamt) birgt; *pyrenees2vallees.com*

Restaurants:

- L'Épicurien: süße Crêpes, herzhafte Galettes und kleine Leckereien zum Tee oder Kaffee; 23, Grand Rue, 65240 Arreau, Tel. +33 5 67 47 42 84, *restaurant-epicurien.eu*
- Restaurant L'Arbizon: Touristenlokal mit traditioneller Küche – die Terrasse eröffnet Ausblicke auf das Dorf; 4, Route de Jezeau, 65240 Arreau, Tel. +33 5 62 98 64 35

Unterkünfte:

- Hôtel d'Angleterre: In einer alten Posthalterei aus dem 18. Jahrhundert mit Garten hat Marie-Hélène Aubiban geräumige und gemütliche Zimmer und Junior Suiten eingerichtet, die das Flair der Berge mit Komfort von heute vereinen; 18, Route de Luchon, 65240 Arreau, Tel. +33 5 62 98 63 30, *hotel-angleterre-arreau.com*
- Résidence Balcons de La Neste: Die Dreisterne-Anlage umfasst 79 Ferienwohnungen für zwei bis acht Personen, sechs Fewo sind behindertengerecht. Pool, Sauna und Hammam sorgen für Entspannung nach einem Ski-, Wander- oder Sightseeingtag; 5, Route de Lançon, 65240 Arreau, Tel. +33 5 62 99 33 51, *www.balconsdelaneste.fr*

40. Aucun: Schieferperle des Val d'Azun

Der Gipfel des Balaïtous ragt mit 3144 Meter Höhe über dieses sonnige Tal, das mit seinen Bergdörfern, Wäldern und Weiden noch herrlich ursprünglich im Nationalpark der Pyrenäen liegt, fernab vom Trubel von Gavarnie, Argelés-Gazost und Cauterets. Ein „Eden der Pyrenäen" sei es, schwärmte Pyrenäenforscher Ramond de Carbonnières. Besonders schön zeigt es sich in und um das Schieferdächerdörfchen Aucun.

Er ist der letzte Rest der Burg, die einst das 200-Einwohner-Dorf bewachte: der Tour d'Aucun, 8,70 Meter hoch wehrhaft und kantig aus Feldsteinen erbaut. Hinter ihm reckt sich die ebenfalls schiefergedeckte Turmspitze der Église Saint-Félix-de-Gérone vor der Schneewand des Massiv de Gabizous (2692 Meter) auf. Ihre Kapelle ist das letzte Zeugnis der romanischen Kirche, die im 11. Jahrhundert in Nord-Süd-Richtung erbaut wurde. Im 15. Jahrhundert wurde dieser „Fehler" mit einer „korrekten" Ausrichtung in Ost-West überbaut. Anders als anderenorts ist die Dorfkirche von Aucun meist noch geöffnet. Es lohnt sich, einen Blick hinein zu werfen und den Altar aus dem 15. Jahrhundert zu betrachten, dessen Figuren die Volksfrömmigkeit widerspiegeln. Ebenfalls mit

Bis heute ein Bauerndorf: Aucun

Dreitausender umgeben das Dorf.

naiven Figuren und Szenen sind Taufstein und Taufbecken geschmückt; beide sind vermutlich älter.

Gegenüber der Kirche richtete André Fourcade 1963 das Musée montagnard du Lavedan im einstigen Pfarrhaus und weiteren Gebäuden aus dem 16. Jahrhundert ein. Das liebevoll gestaltete Museum dokumentiert mit seiner Sammlung das tägliche Leben der Bergbewohner, Hirten und Handwerker von Lavedan. Alles, was an Werkzeugen, Möbeln und anderen Dokumenten gezeigt wird, wurde auf den Dachböden und in den Scheunen des Val d'Azun geborgen: Badeöfen, Wiegen, Kannen und „Burguets", mobile Hütten, die die Hirten im Sommer einst nutzten. Die Nagelschmiede (Forge du cloutier) ist einzigartig in Frankreich. Sie war von 1540 bis 1948 in Betrieb und wurde von einem Hund im Laufrad angetrieben. Kinogängern mag die Szenerie vertraut wirken. Das Museum war Kulisse für die beiden Kinofilme „Bernadette" (1988) und „La Passion de Bernadette" (1889) von Jean Delannoy, die das Leben von Marie-Bernarde Soubirous erzählen, die als junges Mädchen in Lourdes ein Mysterium erlebt hatte.

13 Stationen stellt der Audio-Walk durch Aucun vor. Er berührt auch den Dorfbach Boularic, an dessen Ufer einst zehn Mühlen in Betrieb waren. Jede Familie besaß ihre eigene Mühle oder teilte sie mit einer anderen. Die Mühlen sind heute in desolatem Zustand und müssten, um sie als Zeugnisse des ländlichen Erbes zu erhalten, dringend restauriert werden. Um dem Wasserdruck

Der Turm „Tour d'Aucun"

standzuhalten, waren ihre Wände aus Naturstein sehr dick. Das Dach war mit Schieferplatten gedeckt. Das Wasser floss durch das Gebäude und konnte drinnen zum Mahlen von Mais, Gerste oder anderem Getreide genutzt werden.

Bis heute lebt Aucun im Rhythmus der Transhumanz, der Wanderwirtschaft. So bewahrt es auch entlang der Wanderwege ringsum das pastorale Erbe. Trockensteinmauern säumen die Wege und begrenzen die Grundstücke. Ebenfalls aus Trockensteinen aufgeschichtet wurden die Houn oder Leyté. Die kleinen, niedrigen Hütten befanden sich meist in der Nähe der Ställe und Weiden und waren der Kühlschrank von einst. Nach dem Melken wurde dort die Milch gelagert; nach ihrer Verarbeitung Butter und Käse dort kühl gehalten. Wer aufmerksam durch das Dorf und sein Umland bummelt, wird noch viele weitere Zeugnisse des Landlebens von einst entdecken, die bis heute tagtäglich genutzt werden – wie die Scheunen im Dach, die dank der Dorflage am Hang direkt befahren werden konnten.

INFO

Lage: Aucun versteckt sich im äußersten Südwesten von Okzitanien in den Hautes-Pyrénées. Zur Grenze mit dem Département Pyrénées-Atlantiques in der Region Nouvelle-Aquitaine sind es gerade mal zwölf Kilometer.

Anreise: Die Départementsstraße D918 führt von Argelès-Gazost mitten durch Aucun und weiter nach Gourrette in Nouvelle-Aquitaine.

Aktivitäten:

- Die „Chemins de la Mémoire" führen zu all jenen Stätten, die die Geschichte des Dorfes mitgeprägt haben. 13 Stationen enthält die Audio-Runde, die vorab kostenlos online aufs Handy geladen werden kann. Sie startet automatisch, wenn man an einem der Hörpunkte ankommt; *izi.travel/de/a85b-village-d-aucun-en-val-d-azun-hautes-pyrenees-chemin-de-memoires/fr*
- Musée montagnard du Lavedan: Führungen im Juli/August täglich 17 Uhr, sonst auf Anfrage; 29, Route d'Azun, 65400 Aucun, Tel. +33 5 62 97 12 03, *tourisme-hautes-pyrenees.com*

Restaurants:

- Restaurant de Couraduque: Die Aussicht von der Terrasse auf die Bergwelt ringsum ist atemberaubend, die Küche mit Gegrilltem und Garbure, der Bergsuppe der Pyrenäen, eher enttäuschend. Die Aussicht lässt sich am besten beim Getränk genießen; Col de Couraduque, 65400 Aucun, Tel. +33 562 97 42 16
- Refuge du Haugarou: traditionelle Berghütte mit Schlaf- und Zeltplätzen sowie rustikaler, regionaler Hüttenkost; Route du Bergons, 65400 Aucun, Tel. +33 5 62 97 25, *facebook.com/Haugarou*

Unterkünfte:

- Camping Azun Nature: kleiner, gut geführter Platz mit Hütten und Stellplätzen, Münzwasch und Spa; 1, Route des Poueyes 65400 Aucun, Tel. +33 5 62 97 45 05, *camping-azun-nature.com*
- Hôtel le Picors: Die Zimmer in diesem Dreisternehaus mit einer etwas gewöhnungsbedürftigen Farbgebung sind funktionell und sauber, das Essen ist solide. Pluspunkt sind der Innenpool, der Fahrradverleih und die netten Wirtsleute; Route d'Aubisque, 65400 Aucun, Tel. +33 5 62 97 40 90, *picors.fr*

Website: *valdazun.com*

41. Naturpark Néouvielle: der Lac de l'Oule

Im Sommer spiegeln sich die Gipfel des Massivs von Néouvielle in seinen türkis- bis tiefblauen Fluten. Im Winter bedeckt dicker Schnee das Eis auf dem See und die Kiefern und Tannen ringsum. Der Lac de l'Oule im Tal von Aure gehört zu den schönen Naturschätzen des Pyrenäen-Nationalparks. Hin kommt man nur zu Fuß oder – im Winter – auch per Ski. Wer mag, kann den Ausflug ins Hochgebirge mit einer urigen Nacht in einer Berghütte verbringen, deren Küche tief in den Bergen ringsum verwurzelt ist.

Der Lac de l'Oule ist einer der am leichtesten zugänglichen Bergseen der Hochpyrenäen. Er ist kein Natursee, sondern ein Werk der Eisenbahn. Die Compagnie des chemins de fer du Midi, die im Süden Frankreichs das Bahnnetz zwischen Mittelmeer und Atlantik bis zur spanischen Grenze sowie dortige Kanäle betrieb, hatte

Lac de l'Oule

bereits um 1909 ein umfangreiches Elektrifizierungsprogramm für ihre Züge aufgestellt. Den nötigen Strom erzeugten neu erbaute Wasserkraftwerke in den Pyrenäen. So wurden auch die Viehweiden einer kleinen Hochebene im Vallee de l'Aure unter Wasser gesetzt, um in einem neuen Stausee das Wasser des Oule-Beckens zu sammeln und damit das Wasserkraftwerk Eget zu versorgen. 30 Quadratkilometer groß war das Einzugsgebiet. Zudem wurde aus dem sieben Kilometer entfernten Lac d'Orégon über einen Kanal Wasser abgeleitet, um den Stausee zu speisen.

Wilder Kerbel

Kaum begonnen, unterbrach der Erste Weltkrieg die Bauarbeiten. Nach Kriegsende waren ab 1918 bis zu 430 Arbeiter beim Stauseeprojekt beschäftigt. Im Oktober 1922 wurde der Stausee festlich eingeweiht. Damals konnten hinter der 30 Meter hohen und 180 Meter langen Staumauer 6,5 Millionen Kubikliter gespeichert werden. Im Laufe der Jahre wuchs der Bedarf. Doch erst nach dem Zweiten Weltkrieg wurde in den 1950er-Jahren die Staumauer um 20 Meter erhöht. Der Lac de l'Oule kann seitdem bis zu 16,1 Millionen Kubikliter fassen. 1983 installierte die S.H.E.M. (Société Hydroélectrique du Midi) einen Generator am Fuß der Staumauer. Diese Francis-Turbine besitzt eine Leistung von zwei Millionen Watt.

Rosa Sandkraut

Der Aufstieg vom Parkplatz am See endet an der großen Staumauer. Wer weiterwandern möchte, kann der ausgeschilderten Tour du Lac folgen, die in einer guten Stunde den Stausee umrundet. Unterwegs wird deutlich, warum das Naturschutzgebiet von Néouvieille, das bereits 1936 gegründet wurde und damit viel älter als der Pyrenäen-Nationalpark ist, so ein besonderer Ort ist: Hier treffen Mittelmeer- und ozeanisches Klima aufeinander, mediterrane auf alpine und atlantische Pflanzen. Klima und Flora untersucht bereits seit 1923 eine Forschungsstation am Lac d'Orédon. Die bis zu 25 Meter hohen Hakenkiefern (Pins à crochet) wachsen hier auf einer Höhe von bis zu 2600 Metern – und dies bereits seit der letzten Eiszeit! Wilder Kerbel (Cerfeuil sauvage) verweist aufs Mittelmeer, Strauchheide auf den atlantischen Einfluss. Hinzu kommt eine reiche endemische Flora mit Pflanzen wie dem Irat-Steinbrech (Saxifrage d'Irat), der wie das Rosa Sandkraut (Arenaria

Das Naturschutzgebiet von Niouvieille

purpurascens) nur hier zu finden ist. Mit Sonnentau und Butterblume sind auch fleischfressende Pflanzen am See zu finden. Der schönste Aussichtsplatz auf diesen Garten Eden im Hochgebirge ist die Terrasse des Refuge de l'Oule, die gen Süden ausgerichtet ist. Leise dringt das Plätschern der Merlansbaches hinüber, der nur wenige Schritte entfernt als Kaskade über Steine zu Tal hüpft. Im Winter knistert drinnen der Kamin.

INFO

Lage: Die Hütte liegt auf einer Höhe von 1820 Metern am Ufer des Oule-Sees am Tor zum Naturschutzgebiet Néouvielle und am westlichen Ende des Skigebiets Saint-Lary-Soulan im Département Hautes-Pyrénées.

Anreise im Sommer: Von Saint Lary erst der D118, dann der Route des Lacs (D929) folgen, die zum Lac d'Aubert hinaufführt. Das Fahrzeug auf dem Parking de l'Artigusse abstellen (1593 Meter, kostenpflichtig vom 15. Juni bis 15. September). Der Parkplatz befindet sich weit vor den Seen auf der rechten Seite. Von dort geht es nur zu Fuß weiter – erst auf einem recht breiten, ausgeschilderten Weg „Sentier de Lac de l'Oule", nach einer kleinen Brücke auf einem Waldweg hinauf zum Staudamm des Lac de l'Oule. Wegzeit: 45 Minuten, Höhenmeter: 250 Meter.

Anreise im Winter:

- mit Ski: mit den Skiliften von Espiaube
- zu Fuß: mit den Skiliften ab Saint-Lary-Soulan mit dreimal Umsteigen; Fahrtdauer: 45 Minuten

Restaurant/Unterkunft:

- Refuge de Lac de l'Oule: Die Berghütte aus viel Holz und Naturstein bietet schlichte, saubere Betten für 34 Gäste – vier Zimmer für drei bis vier Personen sowie fünf Doppelzimmer für Einzelgäste oder Paare. Hüttenwirt Lionel setzt auf lokale Küche mit regionalen Spezialitäten wie Garbure Royale mit Ente, Magret de Canard oder Porc Noir de Bigorre; 65170 Saint-Lary-Soulan, Tel. +33 5 62 98 48 62, *refugedeloule.fr*

42. Der Samstagsmarkt von Aspet: der Genuss der Berge

Am Fuße der Pyrenäen, rund 15 Kilometer südöstlich von Saint-Gaudens, verkaufen jeden Samstag lokale Produzenten und Biobauern beim Wochenmarkt von Aspet echte, authentische Genüsse und Produkte jener Berge, die das 1000-Einwohner-Dorf auf 446 Meter Höhe umgeben.

Der Käsestand von Jacques Soulère

Mittwoch gibt er sich ganz bescheiden. Doch samstags lockt er von 8 bis 14 Uhr Schaulustige und Käufer von weit her an: Der Markt im Pyrenäendorf Aspet ist ein gesellschaftliches Ereignis. Dann sind die Plätze in den Cafés und Bars bis auf den letzten Platz besetzt, wird genossen, geguckt, kommentiert. Bis man aufsteht, an den Ständen der Place de la République und der Rue Gambetta vorbei flaniert, die Ware begutachtet, ein Schwätzchen macht – und nach Fachsimpeln und Fragen zugreift, während die anderen Kaufinteressierten geduldig warten. Zeit muss man mitbringen beim Marktbesuch in Aspet!

Der Treff zur Marktzeit

Zu den gefragtesten Marktbeschickern gehört Jacques Soulère. Der Mann mit dem hellen Schnauzer ist lange als Schäfer durch Ariège gezogen. Heute betreibt er in Arbon mit seiner Frau Marie-Astrid eine Ziegenzucht und verarbeitet die Milch der Rove-Ziegen in ein Dutzend Rohmilch-Käse. Einige sind in grob gehackten Nüssen gerollt, andere in einen Chili, der in den baskischen Bergen der Pyrenäen gedeiht, der Piment d'Espelette.

Früher gab es in Haute-Garonne mehr als 80 Ziegenhöfe. Heute ist davon nur noch eine Handvoll übrig geblieben. Die meisten befinden sich in der historischen Provinz Comminges im Süden des Départements. Dort stellt Dominique Bouchait aus der Milch der Manech-Ziegen den Käse „Napoléon Commingeois" her. Seinen ungewöhnlichen Namen verdankt der Bergkäse, der unter der harten Schale sein weiches Herz zeigt, dem Berg Penne-Haute, der auch „Nase Napoleons" genannt wird – und der von Dominiques Käsekeller in Montréjeau zu sehen ist.

Garantiert bio sind Ziegenkäse, Apfelsaft und Honig, welche Clotilde Collier und Christophe Devena vom Ökohof La Ferme d'Esbourdaous in Aspet samstags verkaufen. Geprüfte Ökohöfe sind seit bereits 2003 auch der Jardins d'Izaut von Patrick Daspet, der Gemüsebetrieb von Gabriel Dedieu aus Aspret-Sarrat und der Apfelhof La Ouédolle von Francis Rolland in Sengouagnet, der alte Sorten nicht nur anbaut, sondern auch züchtet. Nur im Sommer – von Juli bis September – ist er mit seinem Stand auf der Place de la République vertreten.

Nathalie mit ihrer Apfel-Croustade

Äpfel aus alten Sorten wandern auch in den Kuchenklassiker der Pyrenäen, den Nathalie Quintin von den Délices des Comminges verkauft: die Croustade. Hinter ihrer knusprig-dünnen Hüllen verbirgt der runde Kuchen fruchtige Füllungen mit Apfel, Pflaumen oder Blaubeeren oder Frangipane-Creme aus Mandeln. Kein Innenleben hat die Version „nature". Für sie bestreut Nathalie den runden Kuchen nur mit Zucker.

Ebenfalls aus der Backwerkstatt kommen die trockenen „Biscuits du cagire" von Joseph, trockene, längliche Hartkäse, die in Wein genauso gestippt werden wie in den Tee oder Kaffee. Namensgeber ist der nahe Pic de Cagire, der weithin sichtbare, 1912 Meter hohe Aussichtsberg von Haute-Garonne, der jenseits des Café de France am Horizont aufragt.

Außerhalb der Marktzeit vereint das Geschäft L'Estanquet des Saveurs an der Place de la République Genuss und Kunsthandwerk der Pyrenäen vom Craftbier aus Luchon über Paté vom Hirsch bis

Die Pfarrkirche Église Saint-Martin

zum Bio-Sirup von Fanny aus Montclar-de-Comminges. Und nach dem Marktbesuch? Da lohnt Aspet mit seiner Église Saint-Michel und der Herrschaftskapelle im gotischen Stil einen Bummel, vorbei an vielen alten Fassaden mit nostalgische Ziehharmonika- und Klapp-Fensterläden und alten Häusern aus Holz und Stein.

INFO

Lage: Aspet ist liegt im Département Haute-Garonne, etwa eine Stunde südlich von Toulouse entfernt.

Anreise:

- mit dem Auto: ab Toulouse Autobahn A64, Ausfahrt 20 Richtung Montsaunès, dann auf die D26; ab Tarbes Autobahn A64, Ausfahrt 18 Richtung Miramont-de-Comminges, dann auf die D5
- mit dem Zug: Der nächstgelegene Bahnhof befindet sich in Saint-Gaudens (15 Kilometer), von dort Buslinie 392 bis Aspet; *lio-occitanie.fr/horaires-et-plans*
- mit dem Bus: Die Communauté de Communes Cagire Garonne Salat bietet zu Marktzeiten einen Bus auf Abruf, der nach Aspet fährt; *cagiregaronnesalat.fr/cadre_vie/transport-a-la-demande*

Restaurant:

- Café Le Francais: Eine Institution des Dorfes – mit großer Terrasse direkt am Markt; Place de la République, 31160 Aspet, Tel. +33 5 61 95 37 66, *cafe-francais-aspet.edan.io*

Unterkünfte:

- Le Château d'Aspet: 20 Jahren lang träumten sie davon, in Frankreich ein Chambre d'hôtes zu betreiben. 2019 wurde ihr Wunsch wahr. Amelie und Mike entdeckten in Aspet ein heruntergekommenes Stadtschloss mit Marmorkaminen und Parkett, renovierten es – und richteten darin drei Kingsize-Suiten ein; Pré Commun, 31160 Aspet, Tel. +33 5 81 66 66 26, *instagram.com/le_chateau_aspet/?hl=de*
- Le Grand Chalet Aspet: Le Grand Chalet hat vier Suiten – drei für vier Personen und eine vierte Suite für drei Personen. Im Garten lockt im Sommer ein Pool; Bas de Sarradere, 31160 Aspet, Tel. +33 5 61 88 51 82, *lgcaspet.com*

43. Mushing in den Pyrenäen

Zwölf Hunde sind an den Pulka geleint. In diesem flachen, wannenförmigen Holzschlitten schützt ein Rentierfell vor der Kälte. Go! Auf den Befehl des Mushers setzt sich das Gefährt in Bewegung und saust durch den Schnee. Hinter dem Gast, dick vermummt mit Decken und Fell, hält der Musher den Schlitten auf Spur. Im Hundeschlitten (Chien de traineau) durch die winterlichen Pyrenäen: ein Abenteuer, naturnah, still und voller Erlebnisse und Überraschungen.

Bereit zur nächsten Tour: die Huskies von Frédéric

Frédéric Desbree

Hochburg der Hundeschlitten-Touren ist das Département Hautes-Pyrénées. Hier sind die Pyrenäen ein imposantes Hochgebirge mit Riesen aus Schnee und Eis wie Vignemale (3298 Meter), der alle anderen Gipfel der Pyrenäen überragt. Der Felskessel des Cirque de Gavarnie verwandelt sich im Winter in einen Wasserfall aus klirrendem Eis mit Kuppen und Kappen aus meterhohem Schnee. Den Gipfel des Pic du Midi de Bigorre (2877 Meter) bekrönt ein Planetarium. An auswählten Terminen lädt es zur Nacht auf der Spitze, den Sternen ganz nah.

Unterhalb der schönsten Spitze der historischen Provinz Bigorre und oberhalb des alten Thermalortes Barèges erstreckt sich auf 1500 Meter Höhe des Plateau de Lienz mit seinen alten Tannenwäldern und einer großen Lichtung, auf der die Berghütte „Chez Louisette" das ganze Jahr hindurch mit Foie gras, Gabure, Planches de skieurs und anderen Gerichten verwöhnt, die tief im Terroir verwurzelt sind.

Direkt davor ist in den letzten Jahren ein veritables „Village des mushers" entstanden, ein Dorf von Hundeschlitten-Führern. Einer von ihnen ist Frédéric Desbree. Bei Neuschnee schnallt er mit Karabinerhaken zwölf, sonst nur acht Hunde an das Geschirr des Schlittens. Ganz nach vorn kommen die Swings Dogs, die Leit- und Zugtiere. In die Mitte gehören die Team Dogs. Ganz dicht an den Schlitten kommen die Wheel Dogs. Dazu wählt Frédéric die kräftigsten Tiere seiner Meute aus, denn dort wirkt die größte Kraft auf die Hunde. Ebenso bedacht wählt der Musher aus Leidenschaft, der in Paris geboren und in den Pyrenäen seine Erfüllung fand, zwischen den männlichen und weiblichen Tieren aus. Die männlichen Hunde haben mehr Kraft, die weiblichen Tiere sind dynamischer.

Unterwegs in den tief verschneiden Hochpyrenäen

„Ghee", ruft Frédéric, und die Hunde verstehen ihn sofort. Alle Befehle, die die Schlittenhunde erhalten, stammen aus der nordamerikanischen Mushersprache. „Ghee" heißt rechts abbiegen, und genau das machen die Hunde. Zur linken Seite heben sich die Kufen hoch. Schnee staubt auf. 20 Minuten dauert die Runde über das Hochplateau, vorbei an tief verschneiten Tannen, kleinen Lichtungen und der Trasse des Funiculaire de l'Ayré. Von 1937 bis zum Jahr 2000 war die Standseilbahn in Betrieb gewesen. Seitdem bemüht sich der Verein Association de Funitoy um die Restaurierung der Bahn und die Wiederaufnahme des Betriebes.

„Haw! Haw!" ruft Frederic. Scharf nehmen die Hunde die letzte Kurve. Jede Unebenheit im Schnee, jede Wurzel im Weg ist im Pulka zu spüren. Kufen und Sitzfläche trennen nur wenige Zentimeter. „Whao! Whao!! Whao!!!" Jetzt steht der Schlitten, Frédéric entwirrt die Leinen, nimmt die Hunde vom Geschirr. Ausgelassen tollen sie im Schnee. In der Berghütte „Chez Louisette" flackert das Feuer im Kamin. In großen Bechern dampft heißer Kakao.

Hundeschlittentouren wie diese werden in den gesamten Pyrenäen von Ost nach West während der Wintermonate angeboten. Wie lange eine Ausfahrt dauert und wohin sie führt, lässt sich oftmals ganz nach eigenen Wünschen gestalten. Und auch, ob die Hundeschlittentour mit einem Iglubau oder einer Nacht in der Berghütte zum großen Abenteuer für ein ganzes Wochenende werden soll.

INFO

Hundeschlitten-Touren bieten an (von Ost nach West):

Pyrénées-Orientales:

- Drakkar Traîneau Aventure: Les Airelles, 66000 Font-Romeu, Mobil-Tel. +33 6 08 62 87 45, *drakkartraineauxaventure.chez-alice.fr*
- Alaskan Forever: Lieu-dit „La bonne Barquette", Lac de Matemale, 66210 Matemale, Tel. +33 6 79 66 05 66, *alaskan-forever.sitew.fr*
- Alaskan Team & Mushing: 66120 Font-Romeu-Odeillo-Via, Tel. +33 6 43 59 03 90, *traineau-a-chiens.com*

Ariège:

- Base Aventure Angaka: Plateau de Beille, 09310 Les Cabannes, Tel. +33 5 61 01 75 60, *angaka.com*
- Viacanis: Cédric Nunes, 3, cité du Prat Grand, 09000 Saint-Paul-de-Jarrat, Tel. +33 7 77 25 24 59, *facebook.com/cedric.nunes.5249*

Haute-Garonne: Viacanis (Ariège) und Sherpa Base Nautique (Hautes-Pyrénées) bieten auch hier Hundeschlittentouren an.

Hautes-Pyrénées:

- Appel Sauvage: Camp du Lienz (Barèges), Tel. mobil +33 7 01 56 82, *appel-sauvage.com*
- Base Nordique Sherpa: Grange Prairie de Balestas, 65240 Loudervielle, Tel. +33 5 62 39 33 08, *sherpa-chien-traineau.fr*
- Chien de traîneau Vallée d'Aure: Arnold Frattinger, 65, Lacouéou, 65170 Aragnouet, Tel. +33 6 31 61 85 80, *chiendetraineau65.fr*
- Pyrénées Adventure: 38, Avenue de la Barousse, 65370 Siradan, Tel. mobil +33 6 80 73 12 66, *pyreneesaventure.com*

Pyrénées Atlantiques:

- Traîneaux Pyrénéens: 64450 Lème, Tel. +33 5 59 04 46 16, *facebook.com/TraineauxPyreneens*

44. Bethmale: das Tal der Schnabelschuhe

Im Herzen des Regionalen Naturparks der Ariège-Pyrenäen versteckt sich ein Tal, das Gourmets mit seinem Käse begeistert und einst für seine ungewöhnliche Tracht berühmt war: Bethmale.

„Schlechtes Tal" nannten die ersten Bewohner dieses wunderschöne Fleckchen Erde, das hinter Castillon beginnt und am Col de la Core auf 1365 Meter Höhe endet. Seine Böden waren für Ackerbau schlichtweg ungeeignet. Stattdessen weiden dort noch heute die Rinder. Ihre Milch verarbeiten die Bauern seit dem 12. Jahrhundert zu einem halbfesten Käse: dem Bethmale. Er ist etwas für Feinschmecker: ohne Zusätze, mit Rohmilch der Almen statt der Silage, mit natürlicher Rinde und feiner Schlitzlochung für würzigen Käsegenuss. Jeden Sommer werden auch Schafe und Pferde auf die Sommeralmen von Bethmale getrieben. Diese lebendige Transhumanz ist alljährlich im Juni Anlass für ein großes Fest.

Berühmt wurden auch die Trachten und Traditionen der Menschen von Bethmale. Als sie 1867 bei der Weltausstellung in Paris gezeigt wurden, hielten sie die Besucher zunächst für Theaterkostüme. Denn die Tracht des Tales ist, besonders bei den Männern, äußerst bunt und ungewöhnlich. Ihre Jacken aus ungefärbter Wolle zieren bunte Bordüren. Rot, Blau und Gold leuchten die verzierten Hauben und Kappen. Im Tal sind die Trachten verschwunden. Doch in Saint-Lizier bewahrt das Musée Départemental die Trachten und Traditionen des Tales auf.

Die traditionelle Tracht des Tales

Der Mont Valier spiegelt sich im Lac de Bethmale.

1984 zog Pascal Jurot als Neo-Ruraler in die Vallée de Bethmale und eröffnete seine Tischlerwerkstatt in Aret. Dort fertigt er als einziger „Sabotier" des Tales aus Birken- oder Buchenholz ganz besondere Holzpantinen. Ihr Ursprung liegt in einem Kampf gegen die Mauren, die einst das Tal besetzt und das Mädchen des Hirten Darnet zur Frau genommen hatten. Jener verschanzte sich daraufhin mit seinen Gefährten in den Bergen, sann auf Rache und schnitzte aus zwei Walnussbäumen eine Waffe mit spitzem Stachel. Mit ihr besiegte Darnert seinen Widersacher.

Schnabelschuhe

Seitdem ist es Brauch, dass ein Verlobter seiner Liebsten ein Paar lange spitze Holzschuhe schenkt, die mit Leder verziert sind. Kunstvoll zeichnen Goldnägel ein Herz nach. Je länger die Schuhspitze ist, desto größer ist die Liebe. Die Braut hingegen schenkte ihm einst ein mit Samt besticktes Wollgewirk und eine mit Bändern oder Pailletten gefüllte Tasche.

1845 begann mit der Industrialisierung der Exodus des Tales. 1999 war die Bevölkerungszahl auf 83, meist alte Menschen gesunken. Doch seit der Jahrtausendwende geht es aufwärts. Das Internet hat das Landleben wieder attraktiv gemacht. 96 Einwohner zählt Bethmale heute. Allerorten wird gewerkelt, werden Häuser instand gesetzt, hält wieder der Schulbus an der Passstraße, sind Kinderstimmen zu hören.

In Ayet dominiert die schlichte Kirche von ihrem erhöhten Standort aus die alten Gassen und eröffnet vom Friedhof weite Blicke. Auch Vic dominiert eine Kirche mit integriertem Glockenturm und Dreiapsiden-Anlage. Ein schöner alter Weiler ist auch Samortein. Im Sommer schmücken Geranien üppig Straßen und Häuser. Im alten Waschhaus von Ayet erzählt eine Ausstellung unter freiem Himmel mit Schwarz-Weiß-Fotos, Kannen, Stuhl und Schnabelschuhen vom alten Leben im Tal.

Am Col de la Core in 1395 Meter Höhe endet das Tal. Kurz vor dem Sattel führt ein Wanderweg zum Lac de Bethmale. Mal smaragdgrün, mal tiefgrün, dann wieder mystisch dunkel leuchtet der Bergsee inmitten der Bäume. Eindrucksvoll spiegelt sich die markante Spitze des Mont Valier (2838 Meter) in den Fluten. Tautropfen lassen Spinnweben funkeln. Farne und Moose haben den Fels erobert. Eine Insel im See und Stille: Bergromantik à la Bethmale!

INFO

Lage: Das Pyrenäental von Ariège liegt im Westen des Couserans am Massif du Valier.

Anreise:

- mit dem Auto: Die Départementsstraße D17 erschließt das Tal.
- mit der Bahn: Die nächstgelegenen Bahnhöfe befinden sich in Boussens, Lestelle de Saint-Martory und Saint-Girons, *ter.sncf.com*

Aktivitäten:

- Sabotier Pascal Jurot: Holzschuhe, ganz handwerklich – auf Wunsch auch mit Spitze! Aret, 09800 Arrien-en-Bethmale, Tel. +33 5 61 96 78 84, *artisan-bois-sabots.fr*

Restaurants:

- Auberge de la Core: Das Café de la Core ist heute eine veritable Auberge mit Festsaal und herrlicher Terrasse. Man genießt dort beim Blick auf den Turm von Bramevaque und die Gipfel des Pic du Midi de Bordes und des Balam grundsolide Hausmannskost von Richard Michiels; bergseitig an der D17, 09800 Arrien-en-Bethmale, Tel. +33 5 61 04 80 53, *facebook.com/profile.php?id=100057655500656*
- Fromagerie de la Core Cazalas: Von frühester Kindheit an interessierte sich Sylvie Domenc für die Käseherstellung. Im Alter von 20 Jahren schaffte sie es an der Spitze der größten Käserei des Tales. 20 Männer und Frauen stellen dort das Sortiment mit den Marken Bethmale, Petit Bethmale, Toudeille und Cosso wie einst ganz handwerklich aus Kuh-, Schafs- und Ziegenmilch her; bergseitig an der D17, 09800 Bethmale, Tel. +33 5 61 04 05 55, *fromagerie-montagne-pyrenees.fr*

Unterkunft: Hotels oder Pensionen gibt es nicht, genächtigt wird bei Privatvermietern, in Selbstversorgerhütten oder im eigenen Zelt an offiziellen Plätzen – wild zu campen ist verboten.

45. Col du Pradel: wo der Gelbe Enzian wächst

Im August ist der Col du Pradel ein gelbes Blütenmeer. Dann blüht rund um den Pyrenäenpass in 1673 Meter Höhe der gelbe Enzian. Die wilde Bergpflanze wird in den Pyrenäen seit Jahrhunderten gesammelt, für ihre medizinischen Eigenschaften geschätzt – und als Aperitif genossen.

Gelber Enzian (Gentiane)

Bis an den Horizont erstreckt sich am Col du Pradel das gelbe Blütenmeer des Enzians. So, wie einst überall im späten Sommer. Doch intensive Rodungen und wachsende industrielle Nutzungen haben in den Pyrenäen, aber auch im Zentralmassiv und den Alpen zu einem massiven Rückgang des einst allgegenwärtigen Gelben Enzians geführt. Um die Ausbeutung dieser Ressource zu stoppen und ihren Erhalt zu sichern, rief das Conservatoire botanique national des Pyrénées et de Midi-Pyrénées von 2016 bis 2019 Einheimische und Gäste auf, jeden Standort des Gelben Enzians in den Pyrenäen zu melden.

Im August bedecken den Pass leuchtende Blütenteppiche in Gelb.

Ihre Ergebnisse flossen ein in den Bericht „Exploiting and preserving: towards a sustainable management plan for the Yellow Enzian in the Pyrenees". Die Arbeit fasst zusammen, was das Konservatorium im Rahmen des EU-Programms „ValuePAM – Valorisation of wild aromatic and medicinal plants" durchgeführt hat: eine nachhaltige Bewirtschaftung des Gelben Enzians.

Mitglieder im interregionalen Konsortiums sind die Region Occitanie, die Départements Hautes-Pyrénées und Pyrénées-Atlantiques, der Gemeindeverbund Haute-Bigorre und die Stadt Bagnères-de-Bigorre. Partner beim Pilotprojekt waren das Consorci Centre de Ciència i Tecnologia Forestal de Catalunya (CTFC), der Parc naturel régional des Pyrénées catalanes (PNRPC) und der Verband Gentiana lutea. Heraus kamen Empfehlungen, wie die Biodiversität in den Pyrenäen aufgewertet – und der Gelbe Enzian bewahrt und geschützt werden kann. Denn er braucht Zeit, um zu wachsen und sich zu vermehren. Dafür kann er dann bis zu 60 Jahre alt werden.

Doch die Industrie ist hungrig, und das langsame Wachstum bedroht die Pflanze stärker als je zuvor. Es ist besonders die Wurzel, die die Industrie lockt. Aus ihr werden Aperitifs wie Avèze, Salers, Suze hergestellt und andere bittere Aperitifs wie Picon,

Weitblick auf dem Pyrenäen-Hauptkamm

Suze, Byrrh, Dubonnet, Pikina oder Saint-Raphaël. In den Pyrenäen wird diese wilde Bergpflanze seit jeher mit der Volksmedizin in Verbindung gebracht.

Am schönsten lässt die Blüte des Gelben Enzians direkt am Sattel des Passes betrachten, wo neben einem Parkplatz ein paar Picknicktische aufgestellt sind. Wer am Col du Pradel (1673 Meter) in Richtung Nordwest die Grashänge hinauf steigt, erreicht nach 180 Höhenmeter bergauf rasch den Gipfel des Pic de Serembarre (1851 Meter). Die Aussicht ist fantastisch: unten die Wiesen mit Gelbem Enzian, am Horizont die Bergspitzen des Dent d'Orlu (2222 Meter). Gut zu erkennen sind auch die Skigebiete von Ascou-Pailhères und Ax-Bonascre. Gen Norden nimmt das Massiv von Saint-Barthélemy einen guten Teil des Horizonts ein. Zur Rundwanderung wird der Aufstieg, wenn man in Richtung Norden dem Grat folgt zum Col de l'Orri (1809 Meter) und aufsteigt zum Picou Rendouillère (1855 Meter). An klaren Tag ist im Norden die Stadt Castelnaudary zu sehen.

Abgestiegen wird zunächst abseits des Weges gen Süden, dann auf einem gut markierten Herdenweg in Richtung Südwesten. Dieser Weg wandelt sich zum bequemen, fast ebenen Hohlweg. Rund einen Kilometer nach dem Gipfel kommt man nach einer Traverse und kurzem Anstieg auf einen Allradtrack, der steil nach Osten abfällt. Er endet an einer Weide, die auch als Holzlagerplatz dient, und einem Gehege, das im Sommer zum Gruppieren und Sortieren der Herden genutzt wird. Von dort führt ein fast ebener Waldweg zur D107. Der Straße vorsichtig folgen, bis nach zwei Kurven bereits der Col du Pradel in Sicht kommt.

INFO

Lage: Der Bergpass der Pyrenäen liegt an der Grenze der Départements Aude und Ariège auf 1673 Meter Höhe – alte Quellen geben noch 1680 Meter an.

Anreise: nur mit dem eigenen Fahrzeug (Auto, Fahrrad, Motorrad) auf der D107

Wanderung:
Start: Col du Pradel (1673 Meter)
Kilometer 0,77 – 1790 Meter – direkter Aufstieg zum Pic de Serembarre
Kilometer 1,04 – 1845 Meter – Pic de Serembarre
Kilometer 2,98 – 1855 Meter – Picou Rendoullière
Kilometer 3,99 – 1690 Meter – Traversée
Kilometer 4,32 – 1690 Meter – Allradtrack
Kilometer 4,86 – 1597 Meter – Forststraße
Kilometer 5,76 – 1586 Meter – D107
Kilometer 7,39 – 1674 Meter – Col du Pradel

Unterkünfte/Restaurants:

- Direkt am Col du Pradel gibt es keine Lokale oder Unterkünfte, aber wunderschöne Plätze zum Picknicken. Wildcampen ist verboten.
- Der nächstgelegene offizielle Campingplatz befindet sich in Ascou.
- Camping Ascou la Forge: Wer nicht sein eigenes Zelt oder das Womo mitbringt, kann in gemütlichen Hütten und Jurten übernachten. Wald trennt den Campingplatz vom kleinen Flüsschen Lauze, in dem gebadet werden darf. Der Campingplatz besitzt ein eigenes Freibad sowie einen Bouleplatz; 09110 Ascou, Tel. +33 5 61 64 60 03, *ascou-la-forge.fr*

46. Pamiers: der Friedhof der Vogelscheuchen

Im Süden von Pamiers versteckt sich im Schatten der ehemaligen Abtei Cailloup in einer Schleife am linken Ufer des Ariège-Flusses ein Unikum: der welterste und bislang einzige „Cimetière des Epouvantails" – ein Friedhof der Vogelscheuchen, der sich jeden Sommer neu erfindet.

Der Auslöser für diese ungewöhnliche Aktion war eine Abtei. Bereits vor mehr als 1000 Jahren, genau genommen im Jahr 961, war auf dem mutmaßlichen Grab von Saint-Antonin die Abbaye de Cailloup erbaut wurden. 961 war auch das Jahr der Stadtgründung von Pamiers, das am rechten Flussufer mit den Glockentürmen seiner drei Kirchen herüber grüßt. Auf dem linken Ufer führt von Pamiers ein Rad- und Wanderweg durch Felder und Wiesen zur Abbaye de Cailloup. Die einst große Abtei wurde während der Religionskriege zerstört und diente danach als Mas Saint-Antonin mehr als 200 Jahre als Bauernhof.

Sauber: eine Bürste als Schopf

Erhalten ist heute einzig die einst romanische Klosterkapelle aus dem 12. Jahrhundert, die die Hugenotten jedoch weitestgehend verändert haben. Als historisches Monument steht sie unter Denkmalschutz. Auch, weil sie ein Ort des Widerstandes während Frankreichs deutscher Besatzung im Zweiten Weltkrieg gewesen war. Einheimische hatten dort Juden vor dem Zugriff der Nazis versteckt und mit allem Lebensnotwendigen versorgt.

Die ehemalige Abtei Cailloup

Ehrenamtliche des sehr rührigen Vereins Association Cailloup Saint-Antonin unter dem Vorsitz von Daniel Pédoussat engagieren sich für den Erhalt des Gotteshauses an einer Routenvariante des Jakobsweges, erinnern an seine Vergangenheit und beleben es mit Veranstaltungen und ungewöhnlichen Aktionen. Dazu gehört der „Cimetière des Epouvantails". Der Friedhof der Vogelscheuchen ist weltweit einzigartig. Und entsteht alljährlich neu.

Der Friedhof ist eine Sommerausstellung, die jedes Jahr ihr Gesicht wandelt. In Kindergärten und Schulen werden aus Stroh und Schrubbern, Besenstielen, Draht und Stoff die ungewöhnlichsten Figuren gebastelt. Auch Firmen und Freunde, Frauen, Männer und Kinder zu Hause beteiligen sich bei der Kunstaktion, die alljährlich auf der Wiese vor der Klosterkapelle eröffnet wird – und mitunter schon auf dem Wanderweg dorthin.

Als 18 dieser Vogelscheuchen Opfer von Vandalismus und völlig zerstört wurden, gab der Verein nicht auf, sondern reagierte mit

Single oder Pärchen?

einer neuen Idee. In Partnerschaft mit der Stadt und mehreren Schulen rief die Association Cailloup Saint-Antonin zum Vogelscheuchen-Wettbewerb auf. Von Anfang Juni bis zum Europäischen Denkmaltag im September lassen sich die fantasievollen Kreationen bewundern. Dann wird auf dem Gelände gepicknickt – und tragen die Gamay-Reben, mit denen der Verein Bi del mas Bielh eine vergessene Tradition wieder aufleben ließ, im kleinen Weinberg saftige Trauben. In einem kleinen Garten lassen sich mittelalterliche Heilpflanzen entdecken. Wenig weiter wachsen in einem Obsthain Äpfel alter Sorten. Ein 72 Hektar großes Idyll versteckt sich hier, beschaulich, idyllisch und besonders. Und in der Sommerhitze auch gerne recht erfrischend. Denn gleich hinter der Kapelle mit ihrem besonderen Friedhof biegt zur Linken ein Trampelpfad zum Ufer der Ariège ab. Dort versteckt sich die schönste Wild-Badestelle von Pamiers. Große Kieselbetten bieten sich zum Sonnenbad vor und nach dem erfrischenden Bad im Fluss an, der hier mit mehr als zwei Meter tiefen Fluten zum richtigen Schwimmen lädt – und zur Naturmassage mit dem Wildwasser, das über Steine sprudelt.

INFO

Lage: Der Friedhof der Vogelscheuchen liegt südlich von Pamiers in einer Schleife am linken Ufer der Ariège.

Anreise: Von der D70 (Route de Vicaria), die im Süden von Pamiers den Fluss Ariège kreuzt, zu Fuß oder per Rad erst dem Chemin de Bares, dann dem Chemin de Mas d'Azil bis zu einstigen Abtei folgen.

Restaurants:

- Les Bains Douches: Christophe Cazalis und seine Partnerin Béatrice haben 2008 an einem kleinen Kanal ein Restaurant mit großer, überdachter Terrasse übernommen und es in eine Genussadresse verwandelt, die mit klarer, moderner Regionalküche überzeugt; Rue Rempart du Touronc, 09100 Pamiers, Tel. +33 5 61 69 78 27, *facebook.com/p/Les-Bains-Douches-100035617192864*
- Le Saint-Clair: In dem einfachen Ecklokal mit Terrasse und grundsolider Küche steht immer wieder mal Livemusik auf dem Programm. Treten lokale Amateurgruppen auf, ist die Stimmung besonders gut; 56, Rue Victor Hugo, 09100 Pamiers, Tel. +33 5 81 30 50 63, *facebook.com/profile.php?id=100039970461457*

Unterkünfte:

- Hôtel de France: Seit dem frühen 19. Jahrhundert ist der Bau ein Hotel, 1949 übernahm die Familie des heutigen Eigentümers das Traditionshaus. Philippe Raja, der Gastwirt in dritter Generation, modernisierte es im Einklang mit dem Flair von einst und lädt in 31 rustikal-moderne Zimmer mit viel Holz zur Nacht. In der Küche setzt Monsieur auf lokale Erzeugnisse, kauft sie auf dem großen Wochenmarkt von Pamiers, räuchert und salzt selbst ein – und verbindet alte Kochtraditionen mit modernen Gartechniken wie Vakuumgarten bei Niedertemperatur; 5, Cours Joseph Rambaud, 09100 Pamiers, Tel. +33 5 61 60 20 88, *hotel-de-france-pamiers.com*
- Château de Longpré: Ein wahres Juwel ist das Landschlösschen, das sich im Jahr 1760 der Bischof von Pamiers als Landhaus erbaut hatte. Im frühen 19. Jahrhundert von einem wohlhabenden englischen Aristokraten umgebaut, hatte die Familie Cantos später das Anwesen verwandelt in ein luxuriöses Viersternehaus mit acht Zimmern, zwei Speisesälen, Bar, Bibliothek und einem Wintergarten, der atemberaubende Blicke auf die Pyrenäen und den französischen Garten eröffnet; D624, 09120 Varilhes, Tel. +33 5 34 02 09 50, *chateaudelongpre.fr*

47. Donezan: das Klein-Kanada der Pyrenäen

Eingebettet im Herzen der Pyrenäen zwischen dem oberen Aude-Tal und dem katalanischen Capcir lehnt er sich an den Col de Pailhères: der Donezan. Oder, wie die Okzitanier ihn nennen, Donasan. Gerade mal 40 Quadratkilometer ist er groß. Doch für die knapp 500 Einwohner in den sieben Dörfern ist der Donezan ein kleines Stück Kanada.

Artigues, Carcanières, Le Pla, Le Puch, Mijanès, Quérigut und Rouze heißen seine sieben Nester, die dank der abgeschiedenen Lage im Département Ariège ihre eigene Identität und den einzigartigen Reichtum ihrer Flora und Fauna bewahrt haben. In Höhen von etwa 900 bis 1200 Metern schmiegen sie sich an die Hänge der Berge, die sich wie der Pic de La Tribune (2499 Meter), Roc Blanc (2542 Meter), Camisette (2426 Meter) und Tarbezou (2364 Meter) majestätisch in den Himmel recken. Den schönsten Blick auf den

Die Burg von Quérigut

Granitfelsen umgeben das 133-Einwohner-Dorf

einstigen Kanton Quérigot bietet das kleinste Dorf des Donezan: Le Puch. 29 Einwohner leben dort. Und fast alle sind seit vielen Generationen Kartoffelbauern. So wie die Familie Utéza, die jedes Jahr dort mehr als zehn Tonnen der Knolle aus dem Boden holt.

Wildbäche wie Bruyante, Artigue und Quérigut gurgeln und rauschen allerorten im Donezan. Sie hüpfen über Felsen, bilden kleine Wasserfälle und füttern die zahlreichen Hochgebirgsseen, die bei Forellenfischern sehr beliebt sind. Auch die Wanderer zieht es zu den Seen des Donezan – dem Lac de Quérigut, Lac du Laurenti, Lac des Rabassoles, Bleu et Noir, Lac de l'Estagnet, Lac de Balbonne und Lac de la Camisette. Wildblumen wie Lilien, Enziane und Orchideen blühen in den großen wie wilden Tälern von Laurentian und Barbouillère. Hirsche und Rehen ziehen durch die Wälder, die Morcheln, Steinpilze und andere Pilze bergen. In höheren Lagen tollt das Murmeltier auf weiten Almen und ziehen Gämse durch die felsige Welt.

Sobald der erste Schnee fällt, tauscht man die Wanderstiefel gegen die „Raquettes" und entdeckt mit Schneeschuhen dieses bergige

Das Château d'Usson

Bullerbü Okzitaniens. Dann laufen auch die Lifte in Mijanès, der kleinen familiären Skistation des Donezan. Doch wie einst sich aufzuwärmen in den einst blühenden Thermalquellen von Carcanières-les-Bains ist nicht mehr möglich. Sie werden, trotz ihrer zahlreichen nachgewiesenen Heilwirkungen, heute nicht mehr genutzt.

Und so ist der Donezan bis heute ein bewahrtes Idyll. Trotz der vielen Machtwechsel im Laufe der Jahrhunderte. Mal war das Hochtal Teil der Grafschaft Razès, dann der Cerdanya, ab 1118 im Besitz der Grafschaft Barcelona. Im 14. Jahrhundert war sie sogar eine kurze Zeit unabhängig. Erst mit dem Pyrenäenfrieden 1659 kam der Donezan endgültig zu Frankreich. An das Hin und Her der Macht erinnern heute die Ruinen zweier mittelalterlicher Burgen – das Château de Quérigut und das Château d'Usson.

Die 920 Meter hoch auf einem Gipfel gelegene Burg von Usson ist die südlichste Katharerfestung Frankreichs. Sie war um 1240 die letzte Bastion der sechs letzten Katharer, die Kirche und Krone als Ketzer massiv verfolgten. Nach Usson brachten sie ihren Schatz, Waffen und Lebensmittel. Doch 1257 oder 1258, da streiten sich die Quellen, wurde mit Bernard d'Alion der letzte Burgherr von Usson gefangen genommen und nach einem Inquisitionsprozess in Perpignan verbrannt. Die reinen Menschen gab es nicht mehr. Doch ihre Geschichte, ihr Erbe und ihr Glaube sind in Okzitanien bis heute tief verwurzelt.

INFO

Lage: Der Donezan liegt im äußersten Osten von Ariège in den Pyrenäen, rund 100 Kilometer entfernt von Carcassonne und Perpignan.

Anreise: Der nächstgelegene Bahnhof befindet sich in Axat als Endstation des Train Rouge; *letrainrouge.fr*. Axat liegt zudem auf der Route der Buslinie 100 von Perpignan – Quillan. Von Axat aus verkehrt die Buslinie 39 nach Rodome; *lio-occitanie.fr/horaires-et-plans*

Aktivitäten: Die 17,5 Kilometer lange „Tour des Villages" verbindet in gut fünf Stunden alle sieben Dörfer des Donezan auf einer Rundwanderung, rund 630 Höhenmeter sind dabei zu überwinden; *pyrenees-ariegeoises.com*

Unterkünfte:

- Le Sapin Rouge: Der rote Tannenbaum versteht sich als „Distributeur de Douceurs", Spender von Wohlfühlmomenten ... und das gelingt den Gastgebern Régine und François als Pächter des kommunalen Gîte hervorragend. Im Innern birgt er drei Doppel-, zwei Einzelzimmer und eine wunderschöne Gaststube, draußen eine teilüberdachte Terrasse. Aus der Küche kommen die besten Erzeugnisse der Region, raffiniert vom einstigen Optiker François, der als Koch und Gastgeber seine Erfüllung fand; Rue de l'École, 09460 Artigues, Tel. +33 4 68 74 36 65, *lesapinrouge.com*
- Le Laurenti: sympathischer, frisch renovierter einfacher Dorfgasthof mit schmackhafter Landküche, Aussichtsterrasse und grundsoliden Zimmern; Place de la Fontaine, 09460 Quérigut, Tel. +33 4 68 20 19 02, *facebook.com/p/Le-Laurenti-100087143714602*
- Abbaye du Donezan: 2007 gründeten 16 Mönche die Abtei Gaussan, um ein Leben noch stärker fernab von den Menschen zu führen, und gründeten die Abtei Notre-Dame de Donezan. Heute sind es 20 von ihnen, die dort nach der Regel „Bete und arbeite" (ora et labora) des heiligen Benedikt leben, sich um ihre Herde mit Tarentaise-Kühen kümmern und köstliche Wunder in ihrer Käserei, ihrem Gemüsegarten und ihrer Küche vollbringen. Auch Konfitüre, Gewürzbrot (Pain d'épice) und andere Köstlichkeiten gibt es in ihrer Kloster vor Ort sowie online; 09460 Carcanières, Tel. +33 4 68 20 45 32, *divinebox.fr*

48. Pays de Sault: Refugium auf der Höhe

Im Herzen der Pyrenäen von Aude versteckt sich auf 900 bis 1300 Meter Höhe über dem Meer das Pays de Sault, dessen Hochebene Verwerfungen wie der Carcanet, die Rebenty-Schlucht, die Saint-Georges-Schlucht und die Pierre-Lys-Schlucht dreigeteilt hat: ins große Plateau von Espezel-Belcaire-Camurac im Westen, das anschließende kleine Plateau von Rodome und das mittlere Plateau von Roquefort im Süden.

Die Ruine des Donjon von Montaillou

„Saltus", Waldtal, nannten die Römer in der Antike diese versteckte Fleckchen Erde, das die Franzosen heute Pays de Sault nennen. Wie zu Römerzeiten dominieren bis heute ausgedehnte Tannenwälder, große Weiden mit Rindern oder Schafen, Pferdekoppeln und Felder, auf denen Kartoffeln und Korn wachsen, die Landschaft. Von Juni bis Oktober indes sind kaum Tiere zu sehen. Sie verbringen die Sommer auf den Almen, wo die Patous sie bewachen, große Pyrenäen-Hirtenhunde mit hellem Fell.

Lac de Belcaire

Friedhof von La Fajolle

Die „Hauptstadt" des Pays de Sault ist Belcaire, ein gemütlicher kleiner Ort auf 1000 Meter Höhe. Rund 400 Einwohner leben dort in holzverkleideten Chalets oder Natursteinhäusern rund um eine Kirche an einem See, der im Sommer erfrischenden Badespaß bietet – aber nur nachmittags! Vormittags dürfen die Angler ihre Ruten auswerfen. Der zu Belcaire gehörige Weiler Trassoulas bietet das schönste Panorama des oberen Aude-Tals. Sogar der Pic de Bugarach ist von dort zu sehen.

Ebenfalls auf dem Grand Plateau liegt Montaillou, ein kleines, typisch okzitanisches Dorf mit schauriger Vergangenheit. Es gehörte im 4. Jahrhundert zu den letzten Rückzugsorten der „reinen Menschen", die anderenorts schon längst als Ketzer verbrannt worden war. 1325 reiste Bischof Jacques Fournier aus Pamiers in die Region. Die Inquisition hatte Montaillou erreicht. Akribisch führte der spätere Papst Benedikt II. Protokoll. 578 Vernehmungen und 160 Zeugenaussagen hielt er fest. Sie bilden bis heute eine einzigartige Quelle zum Alltag der Menschen im Mittelalter auf einem Dorf. Dort erfährt man auch, wie Arnaud Sicre für die Inquisition als Spitzel

La Fajolle

arbeitete und die Gesellschaft seiner Nachbarn beobachtete. Er hob Dachziegel an, um die Gespräche besser belauschen zu können! 1966 arbeitete Emmanuel Le Roy Ladurie diese Quellen zu einem Lebensbild des Ortes aus, promovierte damit an der Pariser Uni und ließ seine Arbeit neun Jahre später vom französischen Verlag Gallimard veröffentlichen. Sein Buch „Montaillou, village occitan de 1294 à 1324" machte weltweit Schlagzeilen und wurde mit dem Titel „Montaillou: Ein Dorf vor dem Inquisitor 1294 bis 1324" im Jahr 1989 vom Ullstein-Verlag auf Deutsch herausgebracht. Bis heute hallt das Werk des französischen Historikers nach, beschäftigt die Forscher – und holt Archäologen nach Montaillou, die mit ihren Ausgrabungen das schriftliche Sittenbild aus jener Zeit um viele Aspekte ergänzen.

Touristisch ein wenig erschlossen ist der einzige Skiort von Aude: Camurac. Fünf blaue und je zwei Pisten in Grün, Rot und Schwarz sorgen dort für Abfahrtsspaß. Hinzu kommen Loipen für Langläufer sowie Winterwandern mit und ohne Raquettes (Schneeschuhen). Vom fünf Kilometer entfernten Col de Theil, der das Herz des kleinen Skizirkus bildet, eröffnen sich das ganze Jahr hindurch traumhafte Ausblicke mit der Pyrenäenkette gen Süden und den Ebenen von Aude und Ariège gen Norden und Nordwesten.

Camurac

INFO

Lage: Das Pays de Sault liegt in den Pyrenäen des Départements Aude rund 25 Kilometer südwestlich von Quillan.

Anreise: Die nächste Bahnstation befindet sich in Quillan. Von dort fährt die Buslinie 1010 als „Transport à la Demande" zu den Orten des Pays de Sault. Wer den Bus auf Abruf nutzen möchte, muss sich vorher kostenfrei registrieren: *aude.fr/je-souhaite-beneficier-du-service-de-transport-la-demande*. Welche Orte wann angefahren werden, verrät die Website *lio-occitanie.fr/tad-aude*

Unterkünfte/Restaurants:

- Es dominieren Campingplätze, Ferienwohnungen und Gästezimmer bei Privatvermietern, die abends den Gästen ein gemeinsames Essen als Table d'hôte anbieten.
- Hôtel Bayle: Eines der wenigen Hotels betreiben seit mehr als 20 Jahren Sandrine und Xavier mit zehn modern gemütlichen Zimmern im Stil der Berge. Die Küche von Xavier ist tief im Pays de Sault verwurzelt mit seinen nussigen Kartoffeln, dem Käse und den Wurst- und Fleischwaren der Region. Im Sommer betreibt Sandrine eine Guinguette, eine Sommerbar, am Lac de Belcaire; 38, Avenue d'Ax les Thermes, 11340 Belcaire, Tel. +33 4 68 20 31 05, *hotel-bayle.com*

49. Gâteau à la Broche: ein Kuchen wie eine Tanne

Er schmeckt das ganze Jahr. Doch im Winter, wenn die Tage dunkler und die Feuer im Kamin entzündet werden, ist seine eigentliche Saison: Dann backen Familien und Bäcker der Berge Okzitaniens zu Hause und auf den Freiluft- und Weihnachtsmärkten wieder einen köstlichen Spießer: den Gâteau à la Broche.

Pic doré, sapin de douceur! Goldene Spitze, zarter Zapfen, sagen die Einheimischen im Herbst und Winter in Okzitanien und schauen fasziniert auf eine konisch geformte Edelstahlstange, die sich langsam über dem offenen Feuer dreht. Früher wurde sie stets per Hand gedreht. Heute übernimmt häufig ein Elektromotor die Arbeit.

Jede Runde verteilt der Bäcker eine neue Kelle Teig über die Stange. In der Hitze des Grills erstarrt der Teig ähnlich wie ein Pfannkuchen und bildet einen Ring. Je dicker er wird, desto stärker kommt es

Lage um Lage wächst der Spießkuchen.

Knusprige Köstlichkeit: der Gâteau à la Broche

beim Backen zur Bildung von Stalaktiten um die Spindel. Viele Male wird dieser Vorgang wiederholt. Schicht um Schicht wächst der Gâteau à la Broche so heran.

Ein Kilogramm Mehl, ein Kilogramm Zucker, ein Kilogramm Butter, 24 Eier, etwas Rum und einen Hauch Vanille: Mehr braucht es nicht für einen Gâteau à la Broche, der typisch ist für die Pyrenäen. Besonders im Aveyron und in den Pyrenäen von Ariège liebt man den Kuchen am Spieß. Jeder Bäcker, jede Familie schwört dort auf das persönliche Rezept. Wie ein Geheimnis hüten sie die Kniffe, die den Kuchen noch weicher und noch aromatischer machen.

Der Gâteau à la Broche ist noch immer in erster Linie ein Festtagskuchen, mit dem die großen Ereignisse des Lebens begrüßt werden: Taufen, Kommunionen, Hochzeiten, Erfolge und Auszeichnungen. Und natürlich Weihnachten. Dort mundet er von Advent bis Silvester nicht nur pur, sondern auch mit Pudding, Eis, Obstsalat, Kaffee oder Tee, trockenem Jurançon oder süßem Pacherenc! Einen Monat hält sich der Gâteau à la Broche. Wenn er nicht vorher genossen wurde ...

Baumkuchen: lecker als Winzling ...

Zwei Stunden Backen stecken in jedem dieser Baumkuchen aus den Bergen Okzitaniens. Hier ist er bescheidene zehn Zentimeter hoch. Dort reckt er stolz als 65 Zentimeter hohe Pyrenäentanne in den Himmel. Mal 150 Gramm leicht, dann 65 Kilogramm schwer. Hier zehn, dort 20 Schichten dick. Den bisherigen Spießkuchen-Weltrekord, den Lucien Breil aus Calmont mit einem 63,8 Kilogramm schweren Gâteau à la Broche seit 1. Mai gehalten hatte, wurde am 23. November 2019 in Villefranche-de-Rouergue gebrochen. Während der „Festa Foies gras et Charcuteries", einer kulinarischen Leistungsschau für Stopfleber und lokale Wurstwaren, hat der Verein „Association des Produits et Saveurs du Rouergue" eine neue Messlatte aufgestellt.

Ihr Baumkuchen erreichte fast die Decke des Ausstellungssaals. Mit einer Höhe von 2,43 Metern brachte der Kuchen 106 Kilogramm auf die Waage. Drinnen steckten 850 Eier und je 35 Kilogramm an Zucker, Mehl und Butter. Als „Le Cardinal" und Hommage an Kardinal François Marty, der in Pachins geboren und begraben wurde, fand ihr Gâteau à la Broche Eingang ins Guinness Buch der Rekorde.

... und als Riese

Dass er gelungen ist, zeigt, wie hervorragend die dortigen Bäcker waren. Denn auch geübten Bäckern passiert mitunter gerne mal ein Malheur – besonders, wenn sie auf Märkten unter freiem Himmel ihre Gâteau à la Broche backen. Da kann es durchaus schon mal vorkommen, dass eine Flamme weit aus dem Rost sticht und den Teig verbrennt. Doch der Bäcker hat es bemerkt, nimmt die Teigrolle vom Grill und beginnt einen neuen Baumkuchen zu drehen. Mit der anderen Hand entfernt er die verbrannte Stelle. Er schneidet den Baumkuchen klein und verteilt Kostproben an die Passanten. „Goûtez!" Köstlich, dieser Kuchen, den Napoleons Soldaten bei ihrem Rückzug aus dem Kaukasus beim Konditormeister des Königs von Preußen entdeckt und mit in den Berge Okzitaniens gebracht haben!

INFO

Die besten Baumkuchen-Bäcker:

- Bernard Laqueyrie: Vor mehr als zehn Jahren teilten Marie und Jeannette, zwei Schwestern aus dem kleinen Dorf Artalens, ihr Backwissen mit Bernard, der seitdem jeden Dienstag auf dem Markt von Argelès-Gazost (Hautes-Pyrénées) Gâteaux à la Broche von zehn bis 60 Zentimeter Länge backt; Route du Hautacam, 65400 Artalens-Souin, Tel. +33 5 62 97 54 66, *terroirsdebao.fr* – unter *nos-producteurs/gateau-a-la-broch*e
- Gigi: Wenn sie nicht auf den Märkten von Saint-Martin-de Lenne und Saint Geniez d'Olt steht, zeigt Ghislaine Marty, kurz Gigi, Besuchern und Kunden die Herstellung ihres berühmten Gâteau à la Broche nach dem Rezept ihrer Großmutter in ihrer Backstube; Route de Saint-Geniez (Aveyron), Saint-Martin de Lenne, Tel. +33 5 65 47 53 35
- Les rochers de Mour: Marie-Thérèse Abadie bäckt über dem Holzfeuer nur nach Bestellung – und vor Ort auf den Märkten ihrer Heimat – Gâteau à la Broche mit einem Gewicht von 380 Gramm bis drei Kilogramm; 14, Rue de la Plantade, 65250 La Barthe-de-Neste, Tel. +33 5 62 98 94 70

50. Col du Soulor: Biking & Birding

Ein landschaftlicher Paukenschlag zum Abschied aus Okzitanien: Mit der Passstraße D918 hinauf zum 1474 Meter hohen Col du Soulor endet die Region gen Westen. Bereits 20-mal haben sich die Profis der Tour de France seit 1912 die Strecke zum Sattel hinauf gequält und inspirieren die Freizeitradler, es ihnen gleich zu tun.

Der Aufstieg über die Ostrampe ab Argelés-Gazost gehört zu den landschaftlich reizvollsten Strecken der Pyrenäen und ist Teil der „Route des Cols", die als aussichtsreiche Panoramastrecke die schönsten Pyrenäenpässe verbindet. Gleich am Ortsausgang beginnt eine deutliche Steigung. Schilder verraten, ob die Strecke geöffnet (grün) oder geschlossen ist (rot). Nach dem ersten Anstieg

So eindrucksvoll endet Okzitanien im Westen.

Hotspots zum Vögel beobachten: der 1474 Meter hohe Pass

ist eine Hochfläche erreicht. Der eigentliche Aufstieg mit acht bis zehn Prozent Steigung beginnt hinter dem malerischen Örtchen Arrens. Ab dort überwindet die Ostrampe stattliche 1019 Höhenmeter, ab Argelès-Gazost 1247 Höhenmeter.

Landschaftlich wunderschön ist auch die Nordrampe, die von Arthez-d'Asson aus mit vielen Kurven und herrlichen Aussichten sich hinaufschraubt zum Sattel. Oben angekommen, beschnuppern freilaufende Pferde die auf dem großen Parkplatz der Passhöhe abgestellten Fahrzeuge. Noch mehr Pferde grasen auf den Bergwiesen mit verstreutem Wacholder- und Heidelbeerunterholz an der oberen Waldgrenze. Über ihnen erheben sich zerfurchte Kalkgipfel, die sich im Massif de Gabizos bis auf 2692 Meter aufschwingen.

Auf die Felswände sind von Almen und Straßenrändern Feldstecher, Fernrohr und Kameras mit leistungsstarken Teleobjektiven gerichtet: Der Col du Soulour gehört zu Europas Hotspots der Vogelbeobachtung! Bartgeister und Schmutzgeier, Steinadler, Schwarzmilan und Gänsegeier sind die Top-5-Vögel, die Vogelfreunde selbst von weit her anreisen lassen. Die beste Zeit fürs „Birding" ist der Vogelzug im Oktober. Dann fliegen mehrere Tausend Mauersegler, rund 1000 Mehlschwalben, Hunderte Buchfinken, Wiesenpieper, Rauchschwalben sowie einige Feldlerchen und Heidelerchen über den Pass. Zu den Raritäten gehören Mornellregenpfeifer, Spanischer Kaiseradler, Eleonorenfalke, Raubmöwe und ... Basstölpel! Der Col du Soulor ist ein ausgezeichneter Ort, um auch die einheimischen Brutvögel wie das Pyrenäenrebhuhn, die Rotschwanzdrossel, die Rotschnabelkrähe, die Alpendohle und den Fichtenkreuzschnabel neben zahlreichen Steinschmätzern und Wasserpiepern zu beobachten.

Auch Esel weiden wild in den Pyrenäen.

Eine 5,3 Kilometer lange Rundwanderung führt zum kleinen Lac de Soum auf 1500 Meter Höhe. Der Bergsee beherbergt mehrere Brutpaare von Teichhuhn, Zwergtaucher und Wasserralle. Auf der zweistündigen Wanderung, die insgesamt 320 Höhenmeter überwindet, begegnen Wanderer der Transhumanz. Wie einst wird Anfang Juni das Vieh aus den Tälern hinauf in die Berge getrieben, wo es frei und ungebunden bis Ende September über die Bergwiesen zieht und weidet. Kühe und Rinder wie im Osten der Pyrenäen sind hier nicht zu sehen. Die Bergwiesen am Col du Soulor sind das Terrain von stämmigen Pferden und großen Schafherden von oftmals mehr als 1000 Tieren. Sie bewacht ein Patou. Dieser Herdenschutzhund nimmt seine Aufgabe ernst – Abstand halten!

71-mal war der Bergpass Etappe der Tour de France.

Für die Radler ist am Col du Soulor noch nicht Schluss. Sie strampeln auf der D918 an der Felswand des Cirque du Litor hinauf zum Col d'Aubisque (1709 Meter). Dieser legendäre Bergpass der Pyrenäen war bereits 71-mal Etappe der Tour de France! Auch mutige Autofahrer können die alte Passstraße noch nutzen.

Die Führung der alten Straße, ihre Tunnel, der gelegentliche Gegenverkehr und die dafür viel zu schmale Fahrbahn sorgen dabei für reichlich Nervenkitzel. Langsam fahren! Nach dem Col d'Aubisque ist die Passstraße wieder besser befahrbar und führt vorbei am Skiort Gourrette hinab nach Eaux-Bonnes, einem charmant verschlafenen Kurbad mit viel Flair – und bereits im Béarn.

INFO

Lage: Am Col du Soulor endet Okzitanien und es beginnt die Region Nouvelle-Aquitaine. Der1474 Meter hohe Pyrenäenpass verbindet das Vallée d'Ouzom im Département Pyrénées-Atlantiques mit dem Vallée d'Arens im Département Hautes-Pyrénées.

Anreise: Auf der Passstraße D918 von Argelès-Gazost nach Eaux-Bonnes. Auf dem Pass zweigt die D126 gen Norden ab nach Arthez-d'Asson.

Aktivitäten:

- Birding: Die Groupe Ornithologique des Pyrénées et de l'Adour (GOPA) freut sich über jede Meldung von Beobachtungen am Col du Soulo; MJC du Laü, 81, Avenue du Loup, 64000 Pau, *gopa_sudouest@yahoo.fr*, *gopa-pyrénées.fr*

Restaurant:

- Les Marmotte: Der Bilck von der Terrasse des Bergrestaurants auf die Bergwelt ringsum ist unschlagbar, die Küche bodenständig und herzhaft. La Gabure dampft in den Tellern: die Kraftsuppe der Pyrenäen!136, Route Soulor, 65400 Arrens-Marsous, Tel. +33 562 97 49 56, *facebook.com/profile.php?id=100063936974260*

Unterkunft:

- Chalet du Soulor: Die einzige Unterkunft direkt auf dem Pass birgt acht Zimmer für zwei bis fünf Personen. Gastgeberin Valérie kocht abends für die Gäste Gerichte aus frischen Produkten der Region; 130, Route Soulor, 65400 Arrens-Marsous, Tel.+33 7 88 37 66 88, *gite-dusoulor.com*

Register

Bildnachweis:
Alle Bilder von Hilke Maunder außer Antoine Garnier cc by-sa 4.0 S. 44 | BBB centre d'art cc by-sa 4.0 S. 43 | ceridwen cc by-sa 1.0 S. 92 | Chme82 cc by-sa 3.0 S. 86o | Coyau S. 66o | cptcv cc by-sa 2.5 S. 211u | Fagairolles34 cc by-sa 4.0 S. 77, 84, 124, 129 | Fred Romero cc by 2.0 S. 158 | Harald cc by-sa 2.0 S. 159 | Henk Monster cc by 3.0 S. 64 | Hermann Schachner cc0 S. 86u | Jph cc by-sa 4.0 S. 97 | Kevinsphotos pixabay S. 85u | Maps4news S. 24, 25, 29, 49, 103, 151, 201 | Markus Baumeler pixabay S. 211o | Michal Klajban cc by-sa 4.0 S. 161 | Petr 1888 cc by-sa 3.0 S. 65 | Sotos cc by-sa 4.0 S. 208 | Sylvain Dossin cc by-sa 4.0 S. 241 | Thérèse Gaigé cc by-sa 4.0 S. 55 | TWoitowicz cc by-sa 2.0 S. 112 | User 120 cc by-sa 3.0 S. 244